W0263286

Armin Müller

Multimedia PC

PowerPoint 3.0 - Präsentieren wie ein Profi
von Hans Georg Oehring

Vieweg Software-Trainer
Harvard Graphics für Windows
von Wolfgang Müller

Computer-Animation vom Feinsten
von Marc Schneider

Multimedia PC
Ein Navigator durch die Multimediawelt
von Armin Müller

VGA und SuperVGA
Professionell programmiert
von Arthur Burda

Grafik und Animation mit Borland Pascal 7.0
von Andreas Bartel

Grafik und Animation in C
von Herbert Weidner und Bernhard Stauss

Armin Müller

Multimedia PC

Ein Navigator durch
die Multimedia-Welt

vieweg

Druck und buchbinderische Verarbeitung: Lengericher Handelsdruckerei, Lengerich
Gedruckt auf säurefreiem Papier

ISBN-13: 978-3-528-05353-6   e-ISBN-13: 978-3-322-84269-5
DOI: 10.1007/978-3-322-84269-5

Inhaltsverzeichnis

Vorwort

Multimedia ist eine der interessantesten Entwicklungen, seit es Personal Computer gibt. Leistungsfähige Benutzeroberflächen, wie Microsoft Windows, machen dies erst möglich. Da Multimedia auf den DOS-Rechnern, im Gegensatz zu den Macintosh-Rechnern, eine sehr junge und noch wenig bekannte Technik ist, wird die Suche nach Informationen zur Qual. Zwar werben beinahe unendlich viele Zeitschriften auf ihrer Titelseite mit dem Schlagwort Multimedia. Die Beiträge sind in der Regel sehr gut, vermitteln aber jeweils nur einen kleinen Ausschnitt aus der großen weiten Welt der verschiedenen Medien.

Nun wenn Sie also in irgend einer Weise mit den verschiedenen Medien wie Text, Sprache, Musik, Fotos oder bewegten Bildern zu tun haben, und Sie den Entschluß gefaßt haben, den Personal Computer als Zentrale dieser Medien einzusetzen, dann sollten Sie sich ausreichend informieren. Je besser Sie informiert sind, um so genauer können Sie Ihre Bedürfnisse abschätzen und die für Sie richtigen Produkte auswählen. Vielleicht sind Sie der Reiseveranstalter, der seine Angebote nicht mehr in einem Katalog sondern auf CD-Disk, bestückt mit kurzen Filmen, dem Meerrauschen und einem gesprochenen Willkommensgruß des Hoteliers, dem Kunden näher bringen will. Ob Sie also die Synthese von Animation, Video und Ton für Präsentationen oder Werbung nutzen oder ob Sie als Privatperson Ihre persönlichen Weihnachtskarten gestalten wollen oder ab und zu ein Spiel mit qualitativ hochstehenden Bildern und guter Tonuntermalung abrufen möchten - Sie finden in diesem Buch die nötigen Informationen. Oder vielleicht möchten Sie sich ganz einfach über die Technik informieren, damit Sie im PC-Bereich auf dem Stand der Dinge bleiben.

Damit die Anschaffung von Multimedia-Komponenten für die Aufrüstung des vorhandenen PCs oder die Anschaffung eines komplett konfigurierten Multimedia PCs (MPC), respektive die Tage danach, nicht zum Alptraum werden, zeigt dieses Buch die üblichen Lösungswege auf und soll Ihnen zusätzlich eine Evaluationshilfe geben. In Teil 1 werden allgemein die gebräuchlichsten Begriffe verschiedener Teilgebiete erklärt. Die Auflistung von Definitionen und Standards sowie die Besprechung von Möglichkeiten und Anwendungen helfen Ihnen die Verkaufsargumente kritisch zu betrachten, die Datenblätter zu verstehen und später die Handbücher problemlos zu lesen. Teil 2 ist eine Reise durch die

Multimedia Komponenten im speziellen, es wird gezeigt wie Sprache, Musik, Bilder und bewegte Bilder eingelesen und weiterverarbeitet werden können. In Teil 3 kommt der praktische Aspekt zum Zug. Es werden Applikationen und deren Entstehung Schritt für Schritt gezeigt. Komponenten-Tips in Kurzform und ein starkes Glossar bilden die beiden letzten Teile 4 und 5. Es ist das Nachschlagewerk für die schnelle Orientierung in dem Multimedia-Dschungel.

In dem Buch werden einige Produkte verschiedener Hersteller erwähnt, wobei die Auswahl der Hersteller keine Wertung implizieren soll. Es gibt viele Hersteller gleichwertiger Produkte, die unerwähnt bleiben.

Ich bedanke mich bei allen Firmen für das zur Verfügung gestellte Material und für die wertvollen Hinweise. Sie haben alle dazu beigetragen dieses Buch zu realisieren.

Ein spezieller Dank gilt auch Herrn Kurt Krähemann, Leiter der Fachstelle Betriebswirtschaft, Herrn Max Fischer, Wirtschaftsinformatiker und Herrn Markus Fellmann, tätig an dem CIM Bildungszentrum Zentralschweiz CBZS, für die zur Verfügung gestellten Unterlagen über das Multimedia-Lernsystem CIM-IAB.

Weiterhin möchte ich mich beim Verlag Vieweg für die angenehme Zusammenarbeit und das in mich gesetzte Vertrauen bedanken.

Einleitung

Was ist Multimedia?

Theoretisch ist Multimedia die interaktive Nutzung und das Zusammenspiel von Medien unterschiedlichster Art, also Sprache, Text, Fotografien, bewegte Bilder, Musik oder Geräusche. Ein ausgezeichnetes Beispiel für eine multimediale Anwendung ist das elektronische Lexikon, installiert auf dem multimedia-fähigen Personal Computer. So kann eine bekannte Persönlichkeit nicht nur mit Text und Bild aufgeführt werden, sondern eine kurze Filmsequenz mit einer wichtigen Ansprache gibt eine lebendige Wiedergabe des Erscheinungsbildes und der Sprache der Person. Bei Tieren können das Verhalten und typische Laute besser dargestellt werden. Auch technische Abläufe lassen sich aufgrund animierter Sequenzen und unterschiedlicher perspektivischer Ansichten besser darstellen.

Praktisch heißt Multimedia für den Anwender oft auch Kabelsalat. Für die Verknüpfung von Personal Computer mit der HiFi-Anlage und dem Videorecorder, der Video-Kamera und dem Fernseher sowie dem Mikrofon und und und, ist manchmal schon fast ein Verteilerkasten wie bei der Telefonie nötig. Die Anschlussmöglichkeiten bei den verschiedenen Geräten werden knapp, die Übersicht über die Datenpfade schwindet. Doch keine Angst, wenigstens ist die Kompatibilität unter den verschiedensten elektronischen Geräten weitgehendst gewährleistet. Und was ist schon das bißchen Kabelsalat, wenn man dafür die faszinierenden Möglichkeiten zur Nutzung der verschiedensten Medien zur Verfügung hat.

Warum fasziniert dieses Thema?

„Der Mensch lebt nicht nur vom Brot allein". Dieses Sprichwort hat auch in diesem Bereich seine Gültigkeit. Im Musikgeschäft hat man schnell die Möglichkeit des Zusammenspiels von Musik und Video entdeckt, was zu den allseits bekannten Video Clips führte. Im Sprachschulbereich wird Video, Sprache, Text und Bild bereits heute benutzt, um den Unterricht möglichst locker und interessant zu gestalten. Jedoch werden diese Medien mehr oder weniger unabhängig voneinander benutzt. Hierbei treten zahlreiche Probleme auf. Dies fängt damit an, daß verschiedene Vorführgeräte nicht bedient werden können, daß die Medien zwar verfügbar sind, das Abspielgerät jedoch gerade von einer anderen Person eingesetzt wird, daß verschiedene Verdunkelungsstufen im Vorführsaal erforderlich sind und Zeitverluste entstehen. Erst wenn alle diese Medien auf ein und demselben Gerät benutzt werden können und zwar alles interaktiv, d.h. abrufbar in beliebiger Reihenfolge mit beliebigen Wiederholmöglichkeiten, dann fängt der Unterricht an spannend zu werden; und zwar für Lehrende wie auch für Lernende. Es kommt hierdurch schlicht mehr Abwechslung ins Geschehen. Der Multimedia PC (MPC) vereint Sprachlabor, Lehrbuch, Videorecorder und Notizpapier. Auch Werbefachleute, die stets bemüht sind dem Menschen die heile, wunderbare Welt zu suggerieren, haben die Vorzüge der Multimedia-Anwendungen entdeckt und nutzen die Faszination dieser Welt. Der Zuschauer oder Zuhörer ist dank der Multimedia-Technik aus der bisherigen passiven Rolle befreit, er greift ständig in den Ablauf ein und gestaltet das Programm nach seinen Wünschen. Multimedia wird die Welt ein Stück weit verändern!

1 Multimedia heißt auch Multiwissen

1.1 Einleitung

Spricht man von Multimedia, so genügt es nicht mehr nur von Bits und Bytes, Harddisks und Floppydisks oder Hard- und Software zu sprechen. Die konsequente Medienintegration, mit all den verschiedenen Quellen, (Abb. 1.1) erfordert einen erweiterten Wortschatz und ein generalistisches Wissen von dem Anwender. So wird man plötzlich auch mit dem Fachchinesisch des Radio- und Fernsehelektronikers, mit den Interessen eines Musikers oder Filmschaffenden oder gar mit der Sprache des Druckereigewerbes konfrontiert. Neben den für den Personal Computer im engeren Sinne relevanten Fakten, sollen im folgenden auch Begriffe der „Multimedia-Welt" im weiteren Sinne unter die Lupe genommen werden.

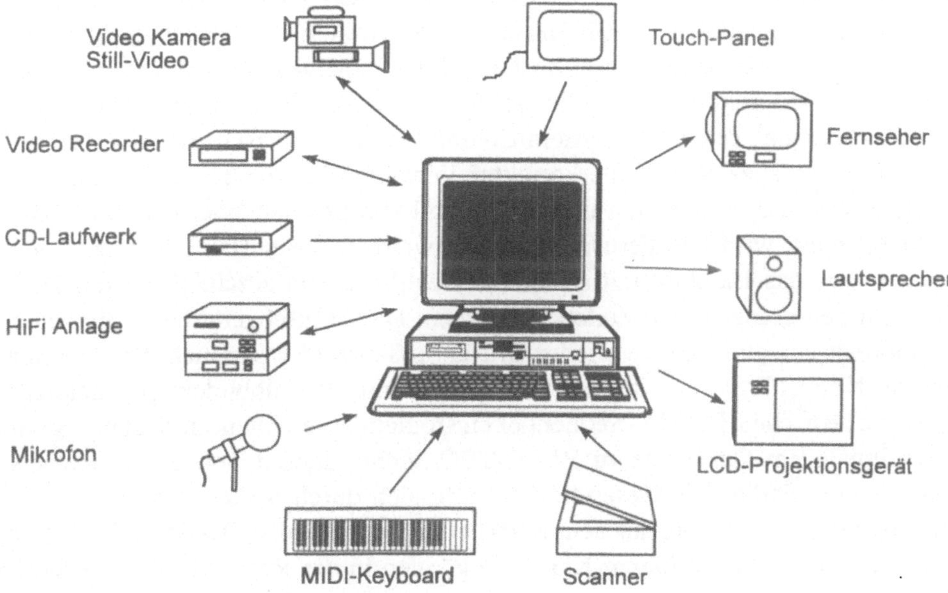

Abb. 1.1: Quellen für konsequente Medienintegration

1.2 Fernsehnormen und -Formate

Es liegt in der Natur der Sache. Wer mit Multimedia arbeitet, kommt an den Grundbegriffen der Video- und Fernsehtechnik nicht vorbei. Die Auswahl einer Bildschirm-Kontroller-Karte und eines geeigneten Monitors für den PC hängt nicht nur von deren Qualitäten sondern auch von den gebotenen Anschlüssen und eingehaltenen Normen ab. Auch müssen die Spezifikationen von Monitor und Kontroller, meist auch Grafik-Karte oder Video-Board genannt, für ein optimales Zusammenspiel übereinstimmen. Auch Video-Overlay oder Frame-Grabber Karten werden für Multimedia-Systeme immer wichtiger. In diesem Kapitel werden deshalb die wichtigsten und häufigsten Begriffe erläutert.

1.2.1 PAL, NTSC, SECAM

Die weltweit vorkommenden Fernsehnormen sind im folgenden kurz erläutert. Der Bildaufbau (Anzahl Zeilen, Anzahl Bildwechsel pro Sekunde usw.) muß beim Aufnahmegerät wie auch bei der Wiedergabe auf dem Fernseher einheitlich sein. Für Gerätehersteller und Anwender ist es deshalb wichtig, daß das System genormt ist und die Kompatibilität zwischen verschiedenen Geräten und den Rundfunkanstalten gewährleistet ist. Weltweit haben sich drei Standards durchgesetzt. Telefunken führte im Jahre 1961 in Mitteleuropa das PAL System ein (Phase Alternation Line). Es ist eine Variante der amerikanischen Norm NTSC (National Television System Committee) und unterscheidet sich von dieser durch ein spezielles Fehlerkorrektur-Verfahren bei Sender und Empfänger. PAL arbeitet mit 625 Zeilen und 50 Halbbildern pro Sekunde. Durch die Aufnahmekamera wird das Fernsehbild zeilenweise in zwei Halbbilder gespalten. Zuerst wird das Halbbild mit allen ungradzahligen und anschließend das Halbbild mit den gradzahligen Zeilen übertragen. Das Fernsehgerät tastet die beiden Halbbilder aus und fügt sie wieder zu einem Ganzbild zusammen. Die amerikanische Norm NTSC arbeitet mit 525 Zeilen und 60 Halbbildern pro Sekunde. Das französische SECAM (Sequentiel en Couleur Avec Memoires) überträgt die Farbsignale, im Gegensatz zu PAL/NTSC, nicht dauernd, sondern zeilenweise jeweils eine Farbe. Die Gesamtfarbe ergibt sich durch Speicherung und Zumischung aller Farben. Die auf dem Markt erhältlichen Video-Overlay oder Frame-Grabber Karten (siehe hierzu Kap. 2.7) können in der Regel für alle erwähnten Normen eingesetzt werden.

1.2.2 Das Videosignal

Das Videosignal besteht hauptsächlich aus drei Komponenten, dem Bildsignal (B), dem Austastsignal (A) und dem Synchronsignal (S). Abgeleitet von deren Bezeichnungen wird dieses Signal BAS genannt. Bei der Abtastung eines Objekts werden die Helligkeitsinformationen in elektrische Signale gewandelt, die das Videosignal in Form von Amplitudenänderungen überträgt. Das Austastsignal bewirkt, daß der Elektronenstrahl, während des Rücklaufes diagonal über den Bildschirm, dunkel getastet wird. Synchronisationsimpulse für den Zeilen- und Halbbildwechsel sind für den Gleichlauf zwischen Bildabtastung in der Kamera und dem Bildaufbau im Monitor verantwortlich. Neben dem BAS-Signal sind auch noch die Farbinformationen zu übermitteln. Kommen diese Informationen hinzu, wird das BAS zu dem FBAS-Signal. Dieser kombinierte Signaltyp wird in Datenblättern auch als Composite-Video bezeichnet. Bei Computermonitoren kommt zudem häufig auch das RGB-Signal zur Anwendung. Bei diesem Signal werden die drei Grundfarben Rot-Grün-Blau (RGB) getrennt dem Monitor übermittelt. Sie müssen also im Monitor nicht mehr durch elektronische Filter getrennt werden. Ein weiterer Signaltyp ist bei modernen Video-Anwendungen anzutreffen, das S-Video Signal. Bei diesem Signaltyp wird die Helligkeit (Luminanz) von der Farbinformation (Chrominanz) getrennt übertragen, was eine brillantere Farbdarstellung erlaubt. Bei diesem 2-Komponenten-Signal wird auch die Bezeichnung Y/C verwendet, wobei Y für die Helligkeitsinformationen und C für die Farbinformationen steht.

1.2.3 Bildwiederholfrequenz und Zeilenfrequenz

Die Anzahl der Bildaufbauvorgänge pro Sekunde ergibt die Bildwiederholfrequenz. Auf die Leuchtschicht der Bildröhre, des Fernsehers oder Monitors, muß der Elektronenstrahl nacheinander alle Bildpunkte zeichnen, die als Ganzes schließlich das Bild ergeben. Damit bewegte Bilder dargestellt werden können darf natürlich die Leuchtschicht nicht zu träge sein, so daß ein zu langes Nachleuchten entstünde. Diese kurze Leuchtdauer bedingt jedoch, um eine ruckfreie Darstellung des Bildes zu gewähren, daß jeder Bildpunkt pro Sekunde mindestens 25 mal gezeichnet wird. Bei PAL-Fernseher beispielsweise werden 50 Halbbilder pro Sekunde gezeichnet. Man spricht hier von einer Bildwiederholfrequenz von 50 Hz (Hertz).

Die Zeilenfrequenz ist abhängig von der Bildwiederholfrequenz und der Anzahl Zeilen, die das darzustellende Monitorbild hat. Möchten wir z.B. Bilder mit einer Auflösung von 1024 x 768 Punkten, also 768 Zeilen, mit einer Bildwiederholfrequenz von 75 Hz auf dem Monitor darstellen, so müssen Bildschirmkontroller und Monitor eine Zeilenfrequenz von mindestens 768 Zeilen x 75 Bildwechsel = 57,6 kHz aufweisen. Hinzu kommen noch etwa 5% für den oberen und unteren Bildschirmrand, so daß Kontroller und Monitor auf eine Zeilenfrequenz von mindestens 61 kHz ausgelegt sein müssen. Bei der Anschaffung eines Monitors muß also unbedingt auf die maximal mögliche Zeilenfrequenz geachtet werden. Klären Sie ab, welche Bildauflösung für Sie von Nöten ist. In der Praxis ist eine Auflösung von 800 x 600 für Multimedia-Anwendungen durchaus sinnvoll. Damit kann auch ein kostengünstiger Monitor mit 38 kHz Zeilenfrequenz eingesetzt werden.

1.2.4 Das Zeilensprungverfahren

Auch bei einer Bildwiederholrate von 25 Bildern pro Sekunde würde das menschliche Auge noch ein deutliches Flimmern wahrnehmen. Jedoch hatte man zu den Anfangszeiten des Fernsehers noch nicht diese Fülle von elektronischen Bauteilen zur Verfügung wie man sie heute kennt. Die Verarbeitung resp. Übertragung von größeren Datenmengen für den Bildaufbau wäre unwirtschaftlich gewesen. Man erkannte, daß man das Auge täuschen kann und löste dieses Problem mit der Ineinanderschachtelung zweier Halbbilder. Somit wurde die Zeilenzahl pro auszutastendem Bild halbiert.

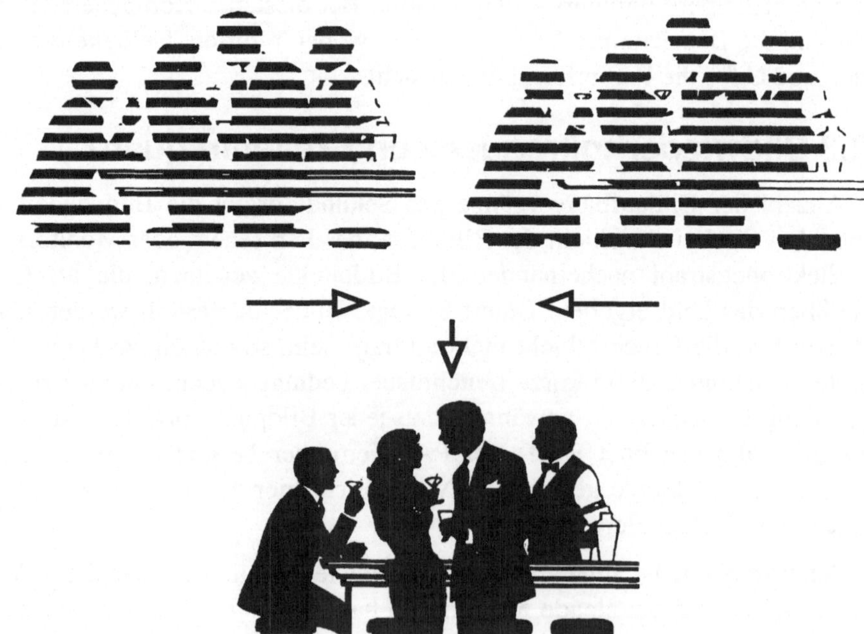

Abb. 1.2: Ineinanderschachtelung zweier Halbbilder (interlaced Modus)

Beim Aufbau dieser beiden Halbbilder beschreibt der Elektronenstrahl im ersten Zyklus nur die ungradzahligen Zeilen und im anschließenden zweiten Zyklus die geradzahligen (Abb. 1.2). Die dadurch möglichen 50 Bildwechsel pro Sekunde nimmt das Auge infolge der ihm eigenen Trägheit weniger wahr. Zudem ist für den Menschen auch die Information eines Halbbildes voll interpretierbar.

Der englische Begriff „interlaced" oder „non interlaced", der in Datenblättern von Bildschirmkontroller-Karten immer wieder vorkommt, ist eine Aussage über diesen Bildaufbau. Interlaced bedeutet zusammenfügen und sagt also aus, daß das Bild aus Halbbildern zusammengefügt wird. Im non interlaced Modus hingegen wird direkt das Vollbild ausgetastet. Um in dem non interlaced Modus aber ein flimmerfreies Bild zu erhalten, sollte eine Bildwiederholfrequenz von 75 Hz möglich sein. Ist diese Möglichkeit gegeben, so ist dies eine optimale Bilddarstellung. Um die optische Täuschung des Halbbildaufbaus noch zu perfektionieren, hat man heute auch bei Fernsehern die Mittel, die Bildwiederholrate zu verdoppeln. Auf dem Markt sind die eher teuren 100 Hz (interlaced) Fernseher schon zahlreich erhältlich. Dieser Trick hat aber nichts zu tun mit einer besseren Auflösung des Bildes, sondern unterdrückt lediglich das Flimmern. Wem also das Bild zu unscharf ist, der muß sich gedulden und auf den zukünftigen Standard der High Definition Television (HDTV) warten.

1.2.5 High Definition Television - HDTV und PALplus

Die Auflösung bei HDTV wird rund fünfeinhalb mal so hoch sein wie beim heutigen Fernseher. Zur Zeit gibt es zwei Normierungsvorschläge: Die USA und Japan haben mit 1125 Zeilen eine Auflösung von 1920 x 1024 Bildpunkte, 60 Hz Bildwiederholrate und 30 MHz Videobandbreite. Im Gegenzug hat die im Jahre 1986 gegründete „Eureka 95" ihre europäischen Richtwerte angemeldet. Hier sind 1250 Zeilen, eine Auflösung von 1920 x 1152 Bildpunkte und eine Bandbreite von ebenfalls 30 MHz vorgesehen. Die Bildwiederholfrequenz ist, entsprechend dem europäischen Stromnetz, auf 50 Hz festgelegt. Bei der internationalen Rundfunkbehörde CCIR muß nun über einen einheitlichen Standard entschieden werden. Die hohe Auflösung hat natürlich auch seinen Preis, wenn man bedenkt, daß bei Echtzeitanwendungen eine Datenmenge von rund 1,8 GByte (GigaByte) pro Sekunde verarbeitet werden muß. So wird klar, was das für die Datenübertragung und auch für die Bildspeicherung bedeutet.

HDTV ist prädestiniert für Großbildprojektionen und Multimedia-Anwendungen. Zu der besseren Auflösung kommt dazu, daß HDTV die Bilder in einem Seitenverhältnis von 16:9 anstatt wie bisher 4:3 anzeigen läßt, was dem menschlichen Sehfeld entscheidend näher kommt (Abb. 1.3). Dieses Seitenverhältnis

16:9 wird mit PALplus ebenfalls realisiert. Fernsehsendungen mit PALplus werden von Fernsehanstalten in den nächsten Jahren eingeführt. Die Bildqualität wird aber, gegenüber PAL, nur gering besser sein, ist also keineswegs vergleichbar mit HDTV. Filme, die im Breitbandverfahren aufgenommen werden, können aber bei diesem Seitenverhältnis ohne Modifikationsverluste ausgestrahlt und empfangen werden.

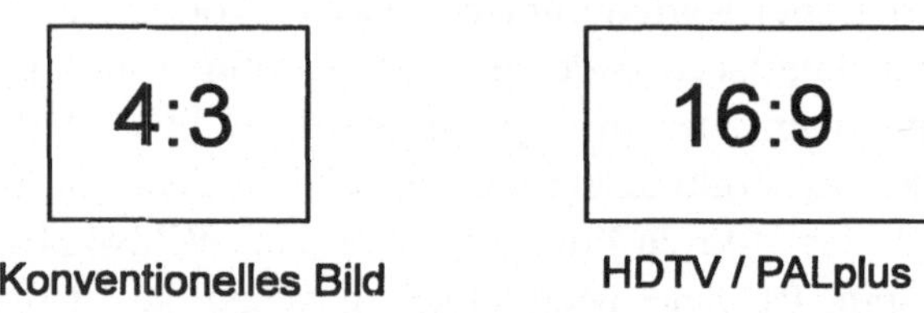

Abb. 1.3: Seitenverhältnisse bei Fernsehbildern

1.2.6 Video Formate

Seit dem Jahre 1977 hat sich für private und halbprofessionelle Anwendungen das VHS Format (Video Home System) von JVC durchgesetzt. Das wird sofort ersichtlich, wenn man sich in einem Videoverleih Geschäft umsieht. VHS erlaubt die Aufnahme und Wiedergabe von Bild und Ton auf 1/2 Zoll Magnetband. Das verwendete Composite-Signal faßt Helligkeits- und Farbinformationen zu einem Signal zusammen. Daneben bestehen heute noch die bedeutenden Formate „Betacam" (seit 1982) und „Video8" (seit 1984), beide entwickelt von Sony. Betacam hat sich im professionellen Bereich zum eigentlichen Weltstandard für die elektronische Bildberichterstattung (ENG) entwickelt, also beispielsweise bei Rundfunkanstalten. Video8, mit dem 8 mm breiten Videoband, hat sich hauptsächlich bei den privaten Videokameras durchgesetzt. Aus dem VHS wurde dann das Super VHS (S-VHS) entwickelt, welches das S-Video Signal benutzt, um Helligkeit und Farbinformation getrennt zu übertragen. Aus dem 8 mm System entstand das HI8 mit einer horizontalen Auflösung von 400 Linien (im Vergleich zu den 250 Linien von Video8) und einem 7 MHz Luminanz-Signalträger. Beides sind Entwicklungen für eine bessere Bildqualität.

1993 setzt Sony im Videobereich mit der Einführung des digitalen Betacam ein weiteres Zeichen. Die digitale Aufzeichnung von Bildern hat den einmaligen Vorteil, daß beim Überspielen, respektive beim „Schneiden" von Videofilmen, absolut keine Daten verloren gehen und somit keine Qualitätseinbussen der Bilder hingenommen werden müssen. Diese Vorteile sind in der Audiotechnik bestens bekannt durch die CD-Disks und die digitalen Bandaufnahmegeräte (DAT). Die digitale Bildaufzeichnung mit Videorecordern wird vorderhand, aus

Kostengründen, ein Privileg der Fernsehanstalten sein. Erfreulich wäre es, wenn auch der semiprofessionelle oder der private Anwender möglichst bald in den Genuß dieser Vorteile gelangen könnte.

1.3 Speicherformate für Bild und Ton

Bilddaten werden auf verschiedene Weise gespeichert. Grundsätzlich sind zwei Arten möglich, nämlich die vektorielle Speicherung und die Ablage als Bitmap. CAD-Programme oder auch z.B. Corel Draw legen die Daten normalerweise vektoriell ab, da das Bild aus Linien, Kreisen, Rechtecken usw. besteht. Ist die Gestalt des Bildes jedoch wie eine Fotografie oder das Bild auf dem Monitor, so muß jeder Bildpunkt mit allen Informationen wie Helligkeit, Farbe usw. einzeln gespeichert werden. Diese Art der Speicherung wird als Bitmap oder Pixelgrafik bezeichnet. Jedes Programm speichert die Grafiken oder Bilder in einem eigenen Format ab; es gibt aber zahlreiche Programme, wie z.B. Word für Windows, Word Perfect usw., die beim Einfügen von Grafiken verschiedenste Formate wandeln können. Wird ein Format nicht unterstützt, so gibt es im Quellprogramm, in dem die Grafik erstellt wurde, in der Regel die Möglichkeit, die Grafik in ein bekanntes Format zu exportieren.

Sehr groß, manchmal zu groß, ist der Speicherbedarf für Bilder bei Multimedia-Anwendungen. Schon ein einzelnes Farbbild, z.B. ein Foto, hat in digitalisierter Form (abhängig von der Auflösung) einen gewaltigen Speicherbedarf, der nicht selten in der Größenordnung von Megabytes liegt. Nehmen wir ein Bild mit der Auflösung von 1280x1024 Bildpunkten. Diese Matrix beinhaltet insgesamt 1'310'720 einzelne Punkte. Hat nun jeder Bildpunkt eine Farbtiefe von 3 Byte (24 Bit), so ergibt das 3 Byte x 1'310'720 Punkte = 3'932'160 Byte. Da 1 Megabyte = 1'048'567 Byte entspricht ergibt sich somit ein Speicherbedarf von rund 3,8 MByte. Der zur Verfügung stehende Speicherplatz und die Weiterverarbeitung des Bildes, sprich Kompatibilität zu den Programmen in denen das Bild verwendet wird, bestimmen weitgehend das Format für die Speicherung.

1.3.1 MPEG / JPEG

In der Kompression von Daten liegt eine Möglichkeit, den riesigen Speicherbedarf zu reduzieren. Da gibt es einerseits das verlustfreie Verfahren, z.B. zum Komprimieren von Programm- und Datenfiles, bei dem man auf Faktoren von etwa 2:1 kommt. Der Faktor 2 hingegen ist für die Bildspeicherung noch immer zuwenig, deshalb haben sich die internationalen Komitees (CCITT und ISO) auf verlustbehaftete Kompressionsverfahren für Bildinformationen geeinigt, die wesentlich höhere Faktoren ermöglichen. Die Funktionsweise einer solchen Kompression kann man am besten am Beispiel der Musik illustrieren. So kann man ohne weiteres Klang-Informationen wegnehmen und gleichzeitig die vom Menschen wahrgenommene Qualität der Musik beibehalten. Das menschliche Ohr nimmt beispielsweise ab 20 kHz keine Töne mehr wahr, d.h. Audiosignale über 20 kHz aufzunehmen und zu speichern wäre nutzlos; sie können ab dieser Frequenz „steilflankig" abgeschnitten werden. Nur aus diesem Grunde ist es möglich, Musik und Sprache auf den heutigen digitalen Informationsträgern CD und Tonband zu speichern und zu übertragen.

Ähnliche Verfahren werden nun auch für die Bildinformationen angewendet. Das menschliche Auge und das Gehirn, die entscheidend für die Wahrnehmung und Verarbeitung von Bildern sind, haben bestimmte Eigenschaften. Das Auge ist beispielsweise wesentlich empfindlicher für Helligkeitsunterschiede als für Farbnuancen. Diese Eigenschaften machen sich die international genormten Standards JPEG (Joint Photographic Experts Group) und MPEG (Motion Picture Expert Group) zunutze, um Bilder möglichst speicheroptimal abzulegen. Die Empfindungen des Menschen beim Betrachten eines Bildes hat man genaustens studiert und in der Folge die Komprimier-Algorithmen dementsprechend entwickelt. Zudem ließ man die Möglichkeit offen, durch Ändern verschiedener Parameter die Kompressionstiefe jeweils zu beeinflussen. In der praktischen Anwendung muß die Schwelle, bei der ein sichtlicher Qualitätsverlust auftritt, für jedes einzelne Bild Schritt für Schritt gefunden werden. Die Charakteristik des Originalbildes, der Szeneninhalt und die Betrachtungsdistanz beeinflussen diese Schwelle. Dank gewissen Erfahrungswerten entfällt jedoch in der Regel das mühselige Auffinden dieser Schwelle. Stets sollte man sich vor Augen halten, daß die Komprimierung von Bildern in den meisten Fällen nicht ohne Datenverlust geschieht.

MPEG eignet sich für bewegte Bilder. Man nutzt die Tatsache, daß die einzelnen Bilder einer Sequenz sich meist nur wenig voneinander unterscheiden. So bleiben oft der Hintergrund oder andere Bildteile gleich, während bestimmte Objekte sich bewegen, in ihrer Form aber auch gleich bleiben, z.B. ein fliegender Ball. Hierbei spielen die Motion-Vectors, also die Bewegungs-Vektoren, eine große Rolle. Das JPEG Verfahren ist für Standbilder und Fotos (Still Video) konzipiert, eignet sich aber auch für Video-Sequenzen. Die verwendete Methode basiert auf der diskreten Cosinus Transformation (DCT). Der Algorithmus bewirkt das Eliminieren von redundanten Informationen. Mit JPEG sind Kompressions-Faktoren von 20 bis 30 erreichbar, wobei Unterschiede gegenüber dem Original kaum feststellbar sind.

1.3.2 Hardwaremässige Datenkomprimierung

Laufende Bilder werden ab einer Video-Quelle mittels Frame-Grabber oder Capture-Board digitalisiert. Ohne zusätzliche Hardware werden die Daten unkomprimiert auf die Festplatte gespeichert. In einem zweiten Schritt können die Bildinformationen über den Prozessor, mit Hilfe von Software und Komprimieralgorithmus, noch verdichtet werden (Abb. 1.4). Vor dem möglichen Wiederabspielen der Videosequenz müssen die Daten wieder entkomprimiert und auf der Festplatte zwischengespeichert werden.

Eine elegantere Lösung bietet die hardwaremässige Komprimierung, wie sie beispielsweise von der Firma INTEL mit der Indeo-Video-Technologie angeboten wird. Hiermit können unter einem Schritt, in Echtzeit und zwar mit 30 Bildern pro Sekunde (fps: frames per second), die Daten digitalisiert und gleichzeitig komprimiert werden (Abb. 1.5). Ein Software-Playback erlaubt das Abspielen der Video-Sequenzen ohne zusätzliche Hardware, wiederum in Echtzeit. Die Rechnerkonfiguration wird erkannt und die Bildrate automatisch angepaßt. Mit einem 486/33 MHz Prozessor können, je nach Größe des angezeigten Bildes, Raten bis zu 24 Bildern pro Sekunde erreicht werden. Mit dem Hardware-Playback, d.h. dem Einsatz einer i750 Video-Prozessor-Karte kann die volle Leistung, wie bei der Aufnahme wiedergegeben werden, also volle Bildschirmgröße und 30 Bilder pro Sekunde.

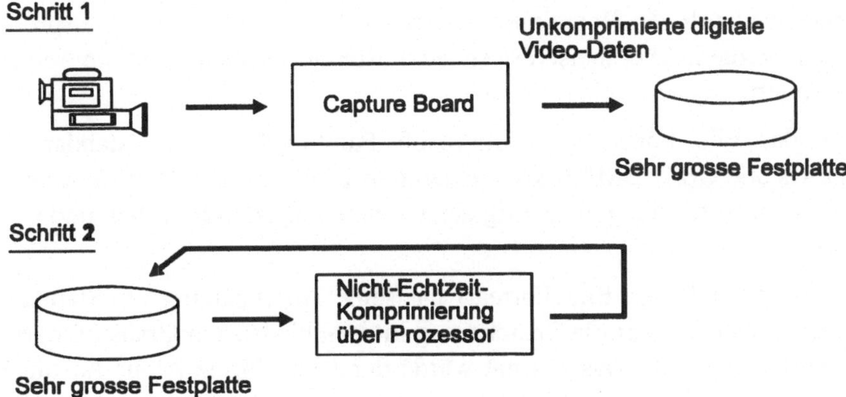

Abb. 1.4: Schrittweise Komprimierung ohne Zusatzhardware (Quelle Intel)

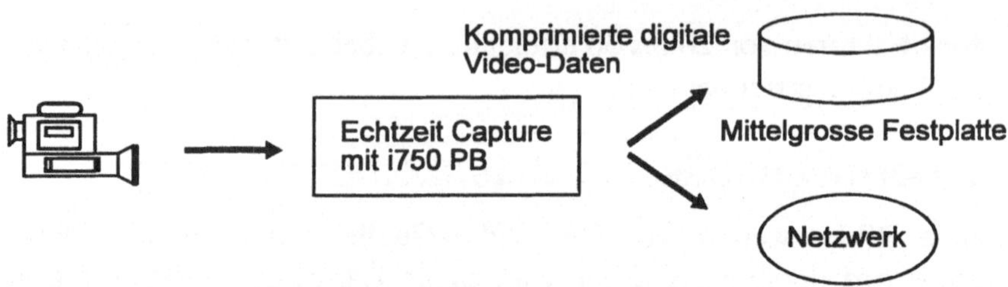

Abb. 1.5: Direkte Komprimierung mit Video-Prozessor-Karte (Quelle Intel)

1.3.3 Bitmap- und Vektorformate

Bitmaps kodieren eine Grafik als ein Array einzelner Bits, die wiederum die einzelnen Pixel auf dem Grafikbildschirm repräsentieren. Das heißt die Bilder werden Punkt für Punkt abgespeichert und zwar jeder Punkt mit Helligkeits- und Farbinformation. Bitmaps ergeben sich beim Einlesen einer Vorlage mit dem Scanner oder beim Empfang eines Fax, durch die Digitalisierung eines Videobildes oder durch die manuelle Eingabe einer Skizze oder eines Bildes über ein Malprogramm, wie z.B. Paint Brush. Bitmaps eignen sich ausgezeichnet für Grafiken mit hoher Informationsdichte und vielen Farbnuancen, z.B. Fotos. Doch bei einer Verkleinerung des Bildes gehen grafische Informationen verloren und beim Vergrößern entstehen unerwünschte Stufeneffekte. Der Idealfall liegt dann vor, wenn die Grafik in der gleichen Größe wie das Original, also 1 : 1, in der Applikation eingesetzt wird.

In der Praxis werden verschiedene Bitmap Formate benutzt. Je nach Beschaffenheit des Bildes oder nach Möglichkeit des Programms wird das dafür beste Format angewendet. In der Regel muß das jeweils beste Format durch Ausprobieren gefunden werden. Die meistverwendeten Bitmap-Formate sind im folgenden kurz erläutert.

- BMP das File Format von Microsoft Paintbrush ist ein Standard unter Windows und OS/2. BMP Files existieren in 1-, 4-, 8-, und 24-Bit Formen, was Konsequenzen für die gleichzeitig darstellbare Anzahl von Farben und Grautönen hat.

- TIFF (Tagged Image File Format) hat seine Anerkennung als Standard für Scanner-Bilder. Es läßt die Speicherung in verschiedensten Graustufen, Farben und Auflösungen zu. Das Format wurde durch die Firma Aldus für die Speicherung von Grafikdaten definiert.

- PCX ist weitverbreitet für Screen Captures (Einfangen des Monitorbildes für die Weiterverarbeitung) und bei Malprogrammen. Ursprünglich wurde es durch die Firma ZSOFT entwickelt für die Erzeugung und Modifizierung von Grafiken und Bildern.

- SCR ist ein Format für Abzüge des Bildschirminhaltes unter *MS-WORD* (Screen Shots). Diese Bitmap Datei enthält sowohl Attribute als auch Farben.

- IMG (GEM Image File Format) wird durch verschiedene GEM-Programme (*DR PAINT*, *Publishers Paintbrush* usw.) für die Speicherung von Grafiken benutzt. Es ist im wesentlichen die pixelorientierte Abspeicherung des Bildschirmfensters.

- GIF (Graphics Interchange Format) wurde durch die Firma CompuServe definiert und dient zum Austausch von Grafikdaten über Mailboxen. Das Grafikformat ist hardwareunabhängig.

Bei dem Vektorformat werden die Grafik-Elemente, wie Kreise, Linien, Rechtecke usw., wie der Name es schon verrät, als Vektoren abgelegt. Damit ist gemeint, daß ein Bildelement mit den Koordinaten von Start- und Endpunkt definiert ist. Die entsprechenden Kurven zwischen den Punkten errechnet das Programm selbständig. Die Elemente können jederzeit aktiviert, vergrößert, verkleinert, verzerrt oder verschoben werden, ohne jeglichen Qualitätsverlust. Die Ausgabe erfolgt immer in der höchsten Qualität des Ausgabegerätes (Bildschirm / Drucker). Damit entfallen auch die unschönen Treppenstufen, wie sie bei Bitmaps auftreten.

Jedes Programm für die Erstellung von Vektorgrafiken (CAD- und Grafiksoftware) hat sein eigenes Format für die Speicherung. Vektorformate sind daher beinahe in der Anzahl vorhanden, wie auch Programme angeboten werden. In der PC-Welt häufig benutzte Formate sind im folgenden aufgelistet.

- WMF (Windows Metafile Format) bewährt sich unter Windows für Skizzen ohne Graustufen, es ist sehr sparsam im Speicherverbrauch.

- DXF (AutoCAD Drawing Exchange Format) ist ein von der Firma Autodesk eingeführtes Format zum Datenaustausch mit Fremdprogrammen. Die meisten CAD-Anwenderprogramme unterstützen das DXF-Format.

- DRW ist durch die Firma Micrografx für die Grafikpakete *Designer,Windows Graph*, *Charisma* usw. entwickelt worden.

- CDR, Vektorformat von COREL *DRAW*

- WPG (Word Perfect Graphic File-Format) ist das Format zur Speicherung von Grafikdateien unter dem Textverarbeitungsprogramm *Word Perfect*.

- CGM (Computer Graphic Metafile Format) wurde 1987 international standardisiert (ISO 8662). Es erlaubt den Austausch von Grafiken zwischen verschiedenen Rechnern. Viele Softwarehersteller unterstützen die CGM-Definition zur Beschreibung von Grafik-Dateien.

- GEM ist ein Metafile-Format, das die Objekte eines Bildes beschreibt (Kreis, Rechteck, Linie, Text). Zudem werden auch die Eigenschaften des Objekts festgehalten (Farbe, Linienbreite, Schrifttypen usw.). Dieses Format wird vom GEM-Programm *DRAW* benutzt. Mittlerweile wird es aber auch von einigen Desktop-Publishing-Programmen unterstützt.

Zwei weitere Formate haben sich als Quasi-Standard für Endgeräte (Drucker, Plotter etc.) durchgesetzt. Sie gelten als eigentliche Beschreibungssprachen, die verschiedene Objekte einer Grafik beschreiben. Diese Formate werden oft auch zum Austausch von Grafikdateien unter den verschiedenen Anwendungsprogrammen benutzt.

- EPS (Encapsulated PostScript) findet sowohl für Bitmaps als auch für Vektor-Bilder Anwendung. Es ist eine druckerunabhängige Beschreibungssprache, von der Firma Adobe entwickelt, die sich als Standard durchgesetzt hat. Viele Softwareprodukte unterstützen den Import von PostScript-kodierten Bildern und Texten.

- HPGL (Hewlett Packard Graphic Language) ist das Grafik-Ausgabeformat, das von der Firma Hewlett Packard zur Ansteuerung ihrer Plotter definiert wurde. Inzwischen wird es durch die meisten Anwendungsprogramme unterstützt.

1.3.4 Ton Speicherformate

Grundsätzlich kann zwischen zwei verschiedenen Aufzeichnungsarten unterschieden werden, den sogenannten MIDI-Dateien oder den Waveform-Soundfiles.

Waveform-Dateien enthalten digital gespeicherte Momentanwerte von Tönen. Die Amplitudenwerte von Musik oder Sprache werden in einem definierten Zeitabstand abgetastet. Bei 44 Kilohertz Abtastfrequenz werden beispielsweise pro Sekunde 44'000 Frequenzinformationen abgelegt. Bei längeren Musikstücken wird somit der Speicherbedarf relativ groß. In Windows Applikationen wird hauptsächlich das Format „WAV" anzutreffen sein. Hersteller von Sound-Hardware haben zum Teil auch eigene Formate entwickelt, wie z.B. „VOC" beim Soundblaster.

Bei den MIDI-Dateien werden nicht die Tonfrequenzen gespeichert, sondern Note, Tonlänge, Musikinstrument und Lautstärke. Mit diesen Informationen kann ein Synthesizer die Frequenzen wieder wahrheitsgetreu herleiten. Diese Art der Tonspeicherung hat den Vorzug, daß die Musikstücke problemlos editiert werden können (z.B. Lautstärke) und daß der Speicher nicht so sehr strapaziert wird wie bei den Waveform-Dateien.

1.3.5 AVI, Speicherung bewegter Bilder

Audio Video Interleaved (AVI) ist das Speicherformat für digitale Videofilme in der Windows Umgebung. Interleave (Verzahnung) bedeutet, daß die Video- und Audiodaten abwechslungsweise in einer Video-Datei gespeichert werden, wie in Abbildung 1.6 dargestellt. Beim Abspielen der Datei können beide Informationsgehalte simultan ausgegeben werden. Dateien mit der Erweiterung „AVI" können durch alle windows-kompatiblen Aplikationsprogramme manipuliert werden. Das Applikationsprogramm „Video for Windows" von Microsoft ist in der Lage über einen Konverter sogar QuickTime Dateien in das „AVI" Format zu wandeln. QuickTime ist die Video Applikation bei Apple Macintosh.

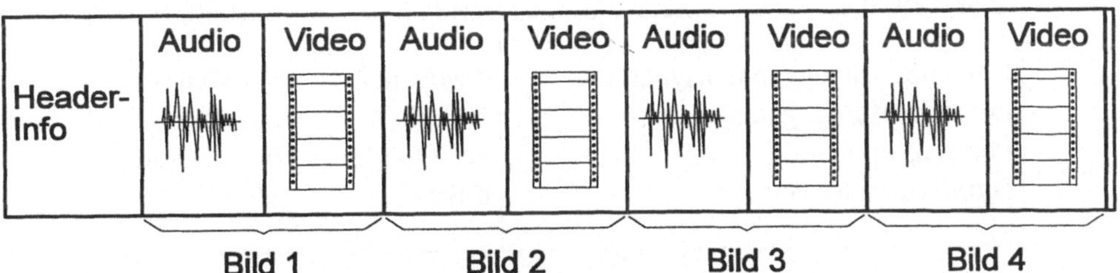

Abb. 1.6: Verzahnung von Video- und Audiodaten beim AVI Datenformat

1.4 SCSI-Schnittstelle

Massenspeicher müssen in irgendeiner Form mit der Zentraleinheit oder einer Hardware-Komponente Daten austauschen. Für diese Kommunikation ist eine Schnittstelle nötig, die meist spezifisch für den eingesetzten Massenspeicher ausgelegt ist. Es ist unumgänglich, sich im Zusammenhang mit Speichermedien auch mit der SCSI-Schnittstelle zu befassen. Immer mehr Peripheriegeräte bedienen sich dieser schnellen Schnittstelle, die von Großrechnern adaptiert wurde und einen sehr hohen Datendurchsatz ermöglicht. SCSI steht für Small Computer Systems Interface und ist ein bidirektionaler 8-Bit Bus. Leistungsstarke Festplatten, CD-ROMs sowie Magneto-Optische-Laufwerke, Streamer usw.

benutzen SCSI als Verbindung zum Computer. SCSI ist von Peripherie-Herstellern favorisiert, da sie aufgrund der Flexibilität alle anderen Schnittstellen übertrifft. Überdies steigert SCSI die Zahl der Erweiterungsmöglichkeiten des PC, da sich mit einem Host-Adapter bis zu sieben Peripheriegeräte ansteuern lassen.

Weiter bietet diese Schnittstelle den Vorteil, daß ein PC auf einfache Art und Weise mit nur einer Schnittstelle ausgebaut werden muß, egal ob es sich um einen AT (286,386,486), PS/2 oder Macintosh handelt. Weiter ist es möglich, über den DMA-Kanal (Direct Memory Acess), Informationen unter den Peripheriegeräten auszutauschen, ohne daß die Zentraleinheit (CPU) sich in diesen Prozeß einschalten muß. So kann beispielsweise ein SCSI Streamerlaufwerk die Sicherung einer SCSI Festplatte durchführen, während die Zentraleinheit andere Arbeiten ausführen kann. Eine zusätzliche Verbesserung bringt SCSI-2, das - dank eines 16-Bit Busses - einen erweiterten Befehlssatz und eine erhöhte Transferrate hat. SCSI-2 Laufwerke können auch in den langsameren SCSI-Systemen verwendet werden und sind mit diesen kompatibel. Tabelle 1.1 weist zusammenfassend auf die technischen Möglichkeiten der SCSI-Schnittstelle hin.

Eigenschaft	SCSI	Fast SCSI-2
Datenübertragungsrate asynchron	4 MByte / s	8 MByte / s
Datenübertragungsrate synchron	10 MByte / s	20 MByte / s
Peripheriepotential	bis 7 Geräte	bis 7 Geräte
Bidirektionaler Bus	8 Bit	16 Bit

Tabelle 1.1: Technische Daten der SCSI-Schnittstelle

1.5 Magnetische Speicher

Die magnetische Aufzeichnung ist wohl eine der ältesten Techniken, um Daten auf einem Träger zu speichern, sind doch Audio-Kassetten, bespielt mit Märchen oder Musik, heute schon jedem Kleinkind bekannt. Diese Technik wurde immer ausgefeilter, so daß heute auf kleinstem Raum bereits eine große Menge an Daten aufgezeichnet werden kann und auch sehr schnelle Schreib- und Lesezyklen erreicht werden können. Diese Speichertechnik nimmt bis heute eine führende Rolle ein.

1.5.1 Festplatte (Hard-Disk)

Die Festplatte gehört zu dem PC genauso wie der Prozessor selbst. Sie ist bis heute die praktische Lösung für beliebig oft beschreibbaren Massenspeicher, mit hoher Sicherheit und schnellem Zugriff. Die Kapazitäten reichen schon heute bis in den GByte-Bereich (1'000'000'000 Bytes). Jede Festplatte muß mit einer 100% kompatiblen Kontroller-Karte gepaart sein. Verschiedene Kontroller sind auf dem Markt erhältlich, nämlich MFM (Modified Frequency Modulation), RLL (Run Length Limited), IDE (Intelligent Disk Electronics), ESDI (Enhanced Small Device Interface) und SCSI (Small Computer Systems Interface). Die meisten Kontroller können zwei oder mehr Festplatten ansteuern, somit ist eine Erweiterung der Festplattenkapazität für jeden Anwender ohne großen Aufwand möglich. Wie schon erwähnt muß aber auf die Kompatibilität zwischen Laufwerk und Kontroller strengstens geachtet werden. Den sichersten Weg beschreitet man beim Einsatz eines zum bereits eingebauten baugleichen Laufwerks. Das Handbuch des Computers, des Laufwerk-Kontrollers oder des Laufwerkes sollte einem dabei behilflich sein. Eine andere Möglichkeit ergibt sich beim Einsatz eines Laufwerks mit SCSI-Schnittstelle. Dabei muß auf bereits eingebaute Laufwerke absolut keinerlei Rücksicht genommen werden.

1.5.2 Floppy-Diskette

Die Floppy Diskette ist der am häufigsten benutzte und beliebteste, wechselbare Datenträger. Zwei Größen haben sich eingebürgert, nämlich die 5.25 Zoll und die 3.5 Zoll Einheiten . Bei neueren Maschinen geht der Trend jedoch eindeutig zur Benutzung von 3.5 Zoll Disketten, kleinere Abmessungen und größere Kapazität machen sie interessant. Bei beiden Größen sind unterschiedliche Kapazitäten erhältlich, sie sind in Tabelle 1.2 aufgelistet.

Im Innern der Diskette befindet sich eine Kunststoffscheibe, die mit einer Beschichtung versehen ist, die Magnetpartikelchen enthält. Das Laufwerk kann mit dem Magnetkopf diese Partikel ganz gezielt beeinflussen, ähnlich wie bei einem Audio Kassetten Recorder, aber mit dem Unterschied, daß bei der Diskette digitale Informationen gespeichert werden. Während des Formattierens einer Diskette wird sie in Spuren und Sektoren eingeteilt, damit die Bahnen für die Speicherung auf der Scheibe genau definiert sind. Die 3.5 Zoll Disketten sind mit einem automatischen Verschluss-System (Shutter) gegen Staub und Fingerabdrücke geschützt.

	3.5 Zoll			5.25 Zoll	
	DD	HD	ED	DD	HD
Nennkapazität (unformatiert)	1 MByte	2 MByte	4 MByte		
Kapazität formatiert	720 kByte	1.44 MByte	2.95 MByte	360 kByte	1.2 MByte
Speicherdichte			35 kBPI (Bits per Inch)	6 kBPI	18 kBPI

Tabelle 1.2: Disketten-Kapazitäten

1.5.3 Floptical-Diskette

Eine Kombination von magnetischem Aufzeichnungsverfahren und optischem Spur-Abtastverfahren ermöglicht es, auf einer 3.5 Zoll Diskette 21 MByte Daten abzuspeichern. Ein Floptical-Laufwerk speichert also die Daten auf magnetischer Basis ab, wie bei den konventionellen 720 kBytes oder 1.44 MBytes Disketten. Dank dieser Technik können somit Floptical-Laufwerke auch die konventionellen 3.5 Zoll Disketten lesen und beschreiben. Ein Floptical-Laufwerk ersetzt also auch das konventionelle 3.5 Zoll Floppy-Laufwerk. Zusätzlich sind nun bei den Floptical-Disketten mikroskopisch kleine optische „Servo-Tracks" eingelassen. Damit kann der Abtastkopf, ähnlich wie bei den CDs, sehr präzise geführt werden (Bild 1.7). Durch diese Technik ist es möglich, das vierzehnfache einer 1.44 MByte Diskette auf die gleiche Fläche zu speichern. An der Entwicklung der Floptical-Diskette war die Firma 3M maßgebend beteiligt, was bestimmt ein Garant dafür ist, daß diese Diskette nicht eine Eintagsfliege sein wird.

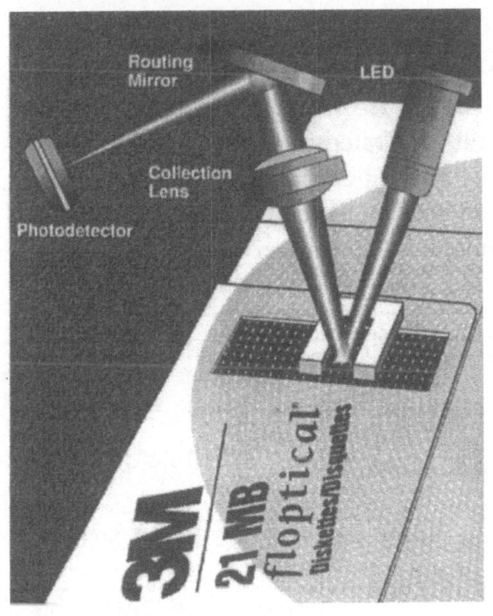

Abb 1.7: Spur-Abtastung einer Floptical Diskette (Quelle: 3M)

1.5.4 Magnetbänder

Bandsicherungsgeräte, welche die Daten sequentiell und zwar in digitaler Form auf ein Magnetband abspeichern, werden meist Streamer genannt. Sie werden hauptsächlich im Bereich der Datensicherung eingesetzt. Niemand ist gegen einen „Absturz" der Festplatte gefeit, daher ist es von Vorteil alle die mühsam zusammengetragenen Daten und Programme auf der Festplatte von Zeit zu Zeit auf einem Magnetband zu sichern. Nach einer allfälligen Reparatur der Festplatte kann der ganze Inhalt innerhalb kurzer Zeit wieder auf die Festplatte zurückgeschrieben werden.

Abb. 1.8: Data Cartridge (Quelle 3M)

Weitere Beliebtheit findet das Band für den Datentransport von einem Computersystem zum anderen. Die wachsende Zahl der Netzwerke wird aber auch dieses Anwendungsgebiet für das Band allmählich schmälern.

Erhältlich sind kleine 40 MByte-Laufwerke bis hin zu Profi-Backupsystemen mit Kapazitäten im Gigabyte-Bereich (Tabelle 1.3). In der heutigen Zeit sind Streamer die preisgünstigsten Systeme für die Datensicherung. Je nach Gerätetyp können sie an der Floppy-Schnittstelle oder an der Parallel-Schnittstelle oder an einer SCSI Schnittstelle angeschlossen werden. Abb. 1.8 zeigt den meistverbreiteten Magnetbandtypen, das sogenannte Data Cartridge.

Band-Bezeichnung	Bezug, mögliche Vergleiche, Analogien	Banddimensionen		Kapazität
		Breite	Länge	
8 mm Data Cartridge	identisch mit Video 8 Kassette	8 mm	15 m bis 112 m	300 MByte bis 2.5 GByte
DAT Kassette	identisch mit DAT Musik-Kassette	4 mm	60 m bis 90 m	bis 1.3 GByte
Digital Kassetten	identisch mit analog Audio Kassetten			60 MByte bis 150 MByte
Data Cartridge	siehe Abb. 1.7	1/4" und 1/8"	56 m bis 230 m	20 MByte bis 1.35 GByte

Tabelle 1.3 Marktübliche Magnetbänder für die Datensicherung

1.6 Optische Speicher

1.6.1 CD-ROM, die silberne Scheibe

Die als Tonträger bestbekannte Compact Disk (CD-DA) hält, dank immer interessanter werdender Preise von Laufwerken, auch im Datenspeicher-Bereich Einzug. Sie ist momentan wohl das ideale Speichermedium für die Multimedia-Anwendungen. Die großen Datenmengen in diesem Bereich, die vor allem beim digitalen Speichern von Bildern oder gar kurzen Filmen anfallen, sind schlecht mit Floppy-Disketten zu handhaben. Auf einer CD-ROM (Compact Disc- Read Only Memory) kann theoretisch eine Datenmenge von rund 650 MByte abgelegt werden, das sind rund 450 Floppy Disketten mit 1,4 MByte Kapazität.

Die Funktionsweise ist relativ simpel. Auf einer 1,2 mm starken, mit Aluminium oder Gold bedampften Kunststoffscheibe mit einem Durchmesser von 4 3/4 Zoll gibt es eingeprägte Vertiefungen (Pits), die mittels Laserstrahl abgetastet werden. Trifft nun der Strahl beim Abtasten der sonst ebenen Oberfläche auf solch eine Vertiefung, so wird er dadurch abgelenkt und verändert seine Eigenschaften, die über ein Spiegelsystem optisch abgetastet werden. Diese Änderungen schließlich sind ein Maß für die digitalen Informationen „0" oder „1". Der Laserstrahl verfolgt, ähnlich wie bei den konventionellen Schallplatten, eine Spur, auf der die Informationen eingeprägt sind. Eine CD-ROM besitzt etwa 20'000 Windungen, was eine Gesamt-Spurlänge von rund 25 Kilometern ergibt.

Abb. 1.9: CD-ROM Disks (Quelle Procom Technology)

Trotz der „Einbahnstraße" einer CD-ROM (man kann sie normalerweise nur lesen, nicht beschreiben) eröffnet sie dem Multimedia-Anwender phantastische Möglichkeiten. Anbieter von riesigen Datenmengen, wie z.B. bei Lexika, können ihre Produkte auf einer einzigen Scheibe anbieten. Zudem können die Bilder oder die kurzen Filmausschnitte noch mit Musik oder Sprache unterlegt werden. Ebenso für Sprachkurse ist die silberne Scheibe prädestiniert, kann doch der vielgepriesene audio-visuelle Unterricht voll ausgekostet werden.

Weitere Vorteile der CD-ROM gegenüber konventionellen Speichermedien kennen wir von den Musik-CDs. Die berührungsfreie optische Abtastung mittels Laserstrahl ist beinahe verschleissfrei, und zudem betragen die Herstellungskosten einer CD-ROM etwa nur ein Zehntel der Kosten für eine Diskette. Sicherlich darf man nicht vergessen, daß die CD-ROM, wie auch die Audio-CD, nicht beschreibbar ist. Im Gegensatz zu den Audio-Kassetten können sie also nicht individuell gelöscht und neu beschrieben werden. Es sind zwar „jungfräuliche" CD-ROMs und CD-ROM-Programmiergeräte im Handel erhältlich, doch ist das für Einzelanwendungen und nicht für die Massenproduktion gedacht und zudem, vom Preisniveau her gesehen, auch nicht für den Privatgebrauch denkbar. Auch diese CD-ROMs, einmal bespielt, sind nicht mehr löschbar. Zum Beispiel wäre denkbar, daß Firmen, die ihre Daten auf konventionellem Weg fortlaufend auf Micro-Film kopieren, künftig die CD-ROM als Speichermedium benutzen, da die Handhabung und das Aufsuchen von Daten auf dem PC natürlich eleganter und schneller vor sich geht.

Inzwischen gibt es schon einige Händler, die sich auf Multimedia spezialisiert haben und zugleich auch eine umfangreiche Palette von Multimedia-Titel auf CD-ROM anbieten können. Selbst die Firma Microsoft hat in Zusammenarbeit mit Verlegern oder anderen Drittfirmen sehr interessante Titel auf den Markt gebracht. Gleichzeitig gibt es haufenweise Shareware auf CD-ROMs. Leider sind die meisten Titel bis heute nur in Englisch erhältlich, doch ist zu hoffen, daß auch die entsprechenden deutschsprachigen Anbieter endlich die Vorzüge der elektronischen Medien und der CD erkennen werden.

1.6.2 CD-ROM Laufwerk

CD-ROM Laufwerke (Abb. 1.10) sind von den verschiedensten Herstellern erhältlich. Für die üblichen Anwendungen sind auch die preisgünstigen Laufwerke einsetzbar, will man aber alle Möglichkeiten ausschöpfen, die mittlerweile geboten werden, dann lohnt es sich die Laufwerke vor dem Kauf etwas genauer unter die Lupe zu nehmen. Momentan ist ein ganz einfacher und schneller Test durchführbar: Das Laufwerk muß die Photo-CD von Kodak unterstützen. Ist das der Fall, dann entspricht es dem neuesten Stand der Technik. Die Eigenschaften dieser neuesten Laufwerke werden im folgenden deshalb immer im Zusammenhang mit der Photo-CD beschrieben, d.h. die geforderten Standards sind nur dann nötig, wenn alle Möglichkeiten ausgeschöpft werden sollen.

Abb. 1.10: CD-ROM Laufwerke
(Quelle Procom Techno-
logy)

Das Laufwerk muß nach den Vorgaben des XA-Standards funktionieren (eXtended Architecture). Der Standard gibt spezielle Richtlinien für die Behandlung von Daten vor, konkret geht es um die Kompression von digitalisierten Bildern und die Speicherung von Bild und Ton auf einer einzigen Spur. Durch diesen Standard wird gewährleistet, daß die Fotos in Zukunft auch mit Sprache oder Musik unterlegt werden können. Zudem ermöglicht er auch das interaktive Zugreifen auf die Daten einer CD. Der XA Standard hat zudem den Basisgedanken, den CD-ROM und Computermarkt für CD-I (Compact Disk - Interactive) zu öffnen. CD-ROM XA ist nicht 100% kompatibel zu CD-I, aber es ist möglich, Disks zu entwickeln, die von beiden Systemen gelesen werden können.

Eigenschaft	Bemerkung
XA-Standard	Ein Muß für Bearbeitung von Photo-CDs
Multisession-Fähigkeit	Ein Muß für Bearbeitung von Photo-CDs
Laufwerk ohne Caddy	Erspart das Geld für teure Caddies
Audio CD abspielbar	Erweitert die Möglichkeiten (können fast alle)
Zugriffszeit	Möglichst hoch
Datendurchsatz	Hohe Rate nötig (mind. 125 kByte/s) für Abspielen von bewegten Bildern

Tabelle 1.4: Eigenschaften bei CD-ROM Laufwerken

Zurück zur Photo-CD: Sie muß vorerst nicht in einem Zug mit Fotos vollbepackt werden, sondern kann durch Kodak in mehreren Sitzungen beschrieben werden. Das heißt es können zunächst einmal zehn Bilder in Auftrag gegeben werden, ein halbes Jahr später vielleicht zwanzig usw. bis der maximale Umfang von 100 Bildern erreicht ist. Damit das CD-ROM Laufwerk aber eine solche, in mehreren Etappen beschriebene CD lesen kann, muß es die Multisession-Fähigkeit besitzen. Der XA-Standard alleine ermöglicht nur das Lesen von Photo-CDs, die in nur einem Vorgang beschrieben wurden. Verfügt ein Laufwerk also nicht über die Multisession-Fähigkeit, so können nur die Bilder des ersten Schreibvorgangs abgerufen werden. Tabelle 1.4 zeigt zusammenfassend, auf welche Eigenschaften vor dem Kauf eines CD-ROM Laufwerkes geachtet werden sollte.

1.6.3 Compact Disk - Interactive (CD-I)

Obwohl CD-I nur bedingt zum Multimedia-PC gehört, die Compact-Disk-Formate der unterschiedlichen Multimedia-Anbieter aber mehr und mehr untereinander gelesen werden können, ist es wichtig auch die CD-I zu kennen. Mit CD-I ist Philips mit einem Multimedia-System auf den Markt gekommen, das an das heimische Fernsehgerät angeschlossen werden kann (siehe auch Kap. 2.2). Die CD-I Scheibe hat einen Durchmesser von 12 cm, also gleiche Größe wie die CD-ROM. Erhältlich sind Titel mit Video, Text, Grafiken, Einzelbilder, Sprache und Musik. Die angebotenen Titel auf der CD-I Scheibe, wie Lernprogramme, Spiele usw., sind so aufgebaut, daß sichtbare oder auch versteckte „Knöpfe" auf dem Bildschirm erscheinen, die mit Hilfe der speziellen Fernbedienung angetippt werden können. Somit ist das interaktive Erlebnis dieser Titel gegeben.

Q-Stufe	Bedeutung
CD-DA	PCM (Pulsecode Modulation), 16 Bit Auflösung, 44.1 kHz Abtastfrequenz, 72 Minuten Stereo-Spielzeit - CD-Standard
Level A	ADPCM (Adaptive Delta Pulsecode Modulation), 8 Bit Auflösung, 37.8 kHz Abtastfrequenz, 2 x 72 Minuten Stereo-Spielzeit - HiFi-Qualität
Level B	ADPCM, 4 Bit Auflösung, 37.8 kHz Abtastfrequenz, 4 x 72 Minuten Stereo-Spielzeit - Rundfunk-Qualität
Level C	ADPCM, 4 Bit Auflösung, 18.9 kHz Abtastfrequenz, 9.6 Stunden Stereo-Spielzeit

Tabelle 1.5: Audio Qualitätsstufen von CD-I

Die Verbindung zwischen CD-I und der Multimedia-PC-Umgebung erfolgt über den erweiterten CD-ROM Standard XA. Das heißt, daß CD-ROM Scheiben, die den XA-Standard erfüllen, mit CD-I Abspielgeräten gelesen werden können und umgekehrt. Allerdings gibt es ein paar Einschränkungen. Bei CD-ROM XA ist es nicht möglich A-Level Audio (Tabelle 1.5) zu lesen, dafür bietet es die Möglichkeit für 80-Kolonnen-Text und bessere Bilddefinitionen. Abbildung 1.11 zeigt die Überschneidung, bei denen beide Systeme kompatibel sind. Die teilweise bestehende Inkompatibilität wird CD-I Anwender meist daran hindern, das wachsende CD-ROM Titelangebot nutzen zu können.

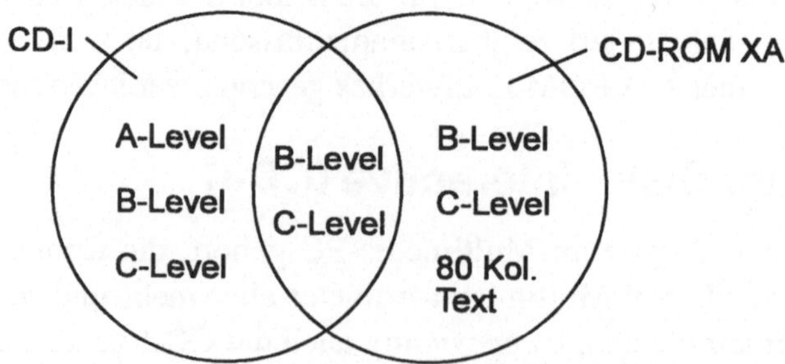

Abb. 1.11: CD-ROM XA / CD-I Kompatibilität

1.6.4 Welches Abspielgerät für welche CD

Vor dem Kauf eines CD-Laufwerkes muß man sich unbedingt darüber informieren, welche CDs wirklich abgespielt werden können. Gewisse Standards und Normen, die auch im Datenblatt oder in der Verkaufsbroschüre eines Laufwerks stehen sollten, geben bereits Auskunft darüber, welche Scheiben damit abgespielt werden können.

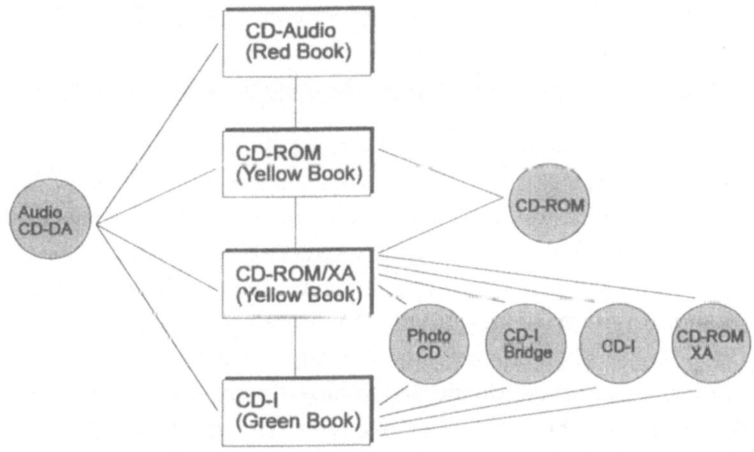

Abb. 1.12: Abspielmöglichkeiten der verschiedenen CD-Scheiben

Gute Beratung oder bereits ein Test beim Händler geben Gewißheit über die Möglichkeiten. Abbildung 1.12 zeigt die Abspielmöglichkeiten auf, die aufgrund der Normen gegeben sind. Die Standards für die verschiedenen CDs und Laufwerke sind von internationalen Gremien in Büchern festgelegt worden (Red-Book / Yellow-Book / Green-Book), die international auch von den Herstellern eingehalten werden. Es ist durchaus möglich, daß mit gewissen Einschränkungen, ein Laufwerktyp auch CDs lesen kann, die von ihm nicht voll unterstützt sind. So kann beispielsweise die Photo-CD auch mit einem Laufwerk gelesen werden, das nicht Multisession-Fähigkeiten hat, jedoch kann dann nur auf die erste Session der Photo-CD zugegriffen werden. Es lohnt sich also die Bedürfnisse genau abzuklären und mit Hilfe des Händlers den entsprechenden Laufwerk-Typ auszuwählen.

1.6.5 WORM

Will man als Anwender die anfallenden Daten auf ein optisches Speichermedium ablegen, so ist CD-ROM nicht unbedingt das richtige Medium, zumindest zum heutigen Zeitpunkt nicht. Geräte, um CD-ROM zu bespielen, und selbst die leere Scheibe, sind noch sehr teuer. Für dieses Einsatzgebiet eignet sich ein WORM-Laufwerk (Write Once Read Multiple oder Many). Mit dem entsprechenden Drive und einer, vom physikalischen Aufbau zur CD unterschiedlich gefertigten, unbeschriebenen Speicherplatte ist es möglich, bis zu 1 GByte Daten einmalig aufzuzeichnen. Auf WORM-Disks gespeicherte Daten sind sehr sicher, da sie nachträglich nicht mehr manipuliert oder durch ein magnetisches Feld gelöscht werden können. Auf dem Markt erhältlich sind Disks mit einem Plattendurchmesser von 5,25 Zoll und Kapazitäten von 200/400/470/940 MByte.

1.6.6 Bildplatte, das optische Analog-Speichermedium

Die Bildplatte ist ein einmalig bespielbares Medium (Write-once optical disc media for Laser Video Disc) mit einem Durchmesser von 12 Zoll (Abb. 1.13). Pro Platte können in PAL 36'250 Einzelbilder oder 24 Minuten Bewegtbild gespeichert werden. Die Farb- oder Schwarzweiss-Bilder werden als Standbild oder Bewegt-Sequenzen analog aufgezeichnet. Zu den Bildern können auch Toninformationen, und zwar digital und in Stereo aufgezeichnet werden. Die Abspielgeräte können über einen Computer angesteuert werden. Die Bildplatte steht bei MPCs etwas abseits, da sie als Analog-Speichermedium nicht die Vorteile von digitalen Systemen hat. Deshalb wird sie meist für ganz spezifische Insellösungen eingesetzt, beispielsweise im Archiv eines Spitals, in dem Patientendaten und Röntgenbilder abgelegt werden, oder als Alternative für den Mikrofilm für Staatsarchive, oder um technische Pläne abzulegen, oder für Ersatzteilkataloge von Autozubehör. Vereinzelt trifft man die Bildplatte auch bei Informationssystemen, bei denen der Anwender teilweise auf den Ablauf Einfluß nehmen kann, z.B. Handwerksanleitungen in einem Hobbycenter, in dem sich der Kunde informieren kann, wie er Fliesen legen muß oder wie ein Teppich verlegt werden sollte usw.

Abb. 1.13: Bildplatte oder Laser Video Disc
(Quelle Sony)

1.7 Magneto- Optische Speicher

Von der Festplatte sind wir gewohnt Daten aufzuzeichnen und wieder zu löschen. Diese Möglichkeit bietet uns, auf optischer Basis, das MO-Laufwerk (Magneto Optical). Die Speichereinheiten werden auch „Rewritable Optical Disks" (ROD) genannt, sie sind also wiederbeschreibbar.

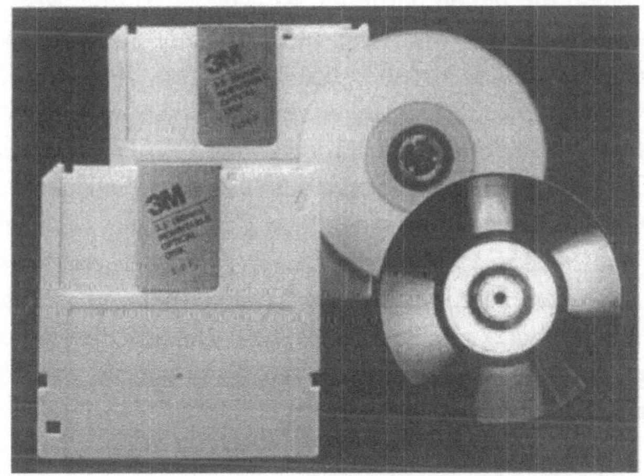

Abb. 1.14: Rewritable Optical Disks, 3.5 Zoll (Quelle 3M)

Ein Laserstrahl arbeitet mit unterschiedlichen Intensitäten zum Lesen und Schreiben. Beim Schreiben erhitzt der Laser die MO-Schicht, dabei wird die Koerzitivkraft der magnetischen Teilchen so schwach, daß ein extern angelegtes Magnetfeld sie umpolarisieren kann. Beim Lesen ändert der Laserstrahl dann, je nach magnetischem Zustand eines Punktes, seine Polarisationsebene. Mit Polarisationsfiltern kann somit zwischen den digitalen Informationen „0" und „1" unterschieden werden.

	3.5 Zoll MO-Disk		5.25 Zoll MO-Disk	
Bytes pro Sektor	512	1024	1024	512
Kapazität (MByte)	128	133	652	594
Anzahl Spuren pro Seite	10'000	10'000	18'751	18'751
Sektoren pro Spur	25	13	31	17

Tabelle 1.6: Technische Daten von MO-Disks

Die Laufwerke werden, bezüglich Zugriffszeit, den Festplatten sicher bald eben-
bürtig sein, auch liegt der Vorteil im nahezu unbeschränkten Speichervolumen,
das durch den Austausch der Disks möglich ist. Magneto-Optische Disks sind
wie Floppy-Disketten handhabbar. Die 5.25 Zoll Platten müssen von Hand ge-
wendet werden, da die Laufwerke nur von einer Seite Zugriff haben. In Tabelle
1.6 sind die technischen Daten der erhältlichen Disks aufgeführt. Äusserlich gibt
es viel Ähnlichkeiten zu den üblichen 3.5 Zoll Disketten (Abb. 1.14).

Interessant sind auch die neuen partiellen ROMs. Es ist eine Mischung aus MO-
Disk und CD-ROM. Die Disks sind aufgeteilt in einen ROM (Read Only
Memory) und einen RAM (Random Access Memory) Bereich. Mit Hilfe dieser
Technik können Daten, die unbedingt vor dem Löschen oder Überschreiben ge-
schützt sein sollten, mit Anwenderdaten gemischt werden, und das auf dem glei-
chen Träger. Der Anbieter eines Sprachkurses beispielsweise kann somit den
Kurs in den ROM- Bereich ablegen und die Disk an den Anwender verkaufen.
Der Anwender hat in dem RAM- Bereich Speicherplatz zur Verfügung für das
Üben. Geht er nach der Übung zu seinem Kollegen oder in die Schule, so hat er
die erarbeiteten Daten auch gleich bei sich. Softwareanbieter werden mit Sicherheit diese Chance nutzen, um in Zukunft ihre Produkte auf einem leistungsfähi-
gen Medium anbieten zu können.

1.8 Speicherkarten

Für netzunabhängige Computer, wie Laptops oder Notebooks, ist der Einsatz
von Festplatten aufgrund ihrer Größe bereits problematisch. Zudem stellt der
ständige Transport ein gewisses Risiko für eine Festplatte dar. Speicherkarten
hingegen sind platzsparend, sehr schnell und haben keine beweglichen mechani-
schen Teile, die durch den Transport beschädigt werden können. Bis 1995 sollten PC Memory Cards bei vielen Anwendungen die Disketten und Festplatten
ablösen, nämlich dort wo Gewicht und Größe im Vordergrund stehen. Speicherkarten stehen bereits heute bei Speicherprogrammierbaren Steuerungen in der
Industrie im Einsatz. Die Speicherkarte ist ein auswechselbares Speichermedium, das aus einem oder mehreren ICs (Integrierter Schaltkreis) besteht. Sie hat
ein Gehäuse das etwa der Größe einer Kreditkarte entspricht. Die Stromversor-
gung der ICs in der Speicherkarte erfolgt aus einer Knopfzellen-Batterie, das
dank der stromsparenden CMOS-Technologie möglich ist. Es werden verschiedene Speichertypen erhältlich sein (Tabelle 1.7), die Speicherkapazitäten sollen
bis zu 64 MByte reichen.

Bezeichnung	werkseitig schreiben / beliebig lesen	einmal schreiben / beliebig lesen	beliebig schreiben / beliebig lesen	löschen mit Ultraviolett-Licht	löschen elektrisch
Mask ROM	x				
PROM		x			
SRAM			x		
EPROM		x		x	
EEPROM		x			x
Flash EPROM					

Tabelle 1.7: Speicherkarten-Typen

Mask ROM (Read Only Memory) sind Speicherbausteine deren Daten bei dem IC Hersteller mit einer Maske fest einprogrammiert werden. Die Daten können also nicht mehr verändert werden. Diese Speicherbausteine kommen nur bei riesigen Stückzahlen in Frage, sind dann aber zu niedrigen Kosten produzierbar und benötigen keine Batterie um die Daten bei ausgeschaltetem Gerät zu halten.

PROMs (Programmable Read Only Memory) sind den ROMs sehr ähnlich, mit dem einzigen Unterschied, daß der Anwender die Daten, mit Hilfe eines Programmiergerätes, selbst einprogrammieren kann. Ist der Baustein einmal programmiert, können die Daten also auch nicht mehr verändert werden.

SRAM (Static Random Access Memory) sind die Bausteine, die beliebig viel beschrieben, gelöscht und überschrieben werden können. Ihr Nachteil ist, daß die Daten, bei ausgeschaltetem Gerät, nur mit Hilfe einer Batterie gehalten werden können.

EPROM (Erasable Programmable Read Only Memory) sind wie PROMs zu handhaben, können aber mit ultraviolettem Licht wieder gelöscht werden. Die Löschzeit beträgt etwa 20 Minuten. Diese Bausteine sind durch das aufgesetzte Quarzfenster über dem Chip zu erkennen.

EEPROM (Electricaly Erasable Programmable Read Only Memory) sind elektrisch löschbar, was gegenüber EPROMs eine beträchtliche Verkürzung der Löschzeit ergibt.

1.9 Arbeitsspeicher

Der Arbeitsspeicher im Computer wird genutzt, um Programme für die Ausführung, sowie auch Daten, die bei der Ausführung anfallen, zu speichern. Bevor ein Programm also ausgeführt werden kann, muß es vorerst von der Festplatte in den Arbeitsspeicher transferiert werden. Arbeitsspeicher sind in der Regel mit DRAM Speicherbausteinen aufgebaut (Dynamic Random Access Memory). Diese Bausteine können beliebig oft beschrieben und ausgelesen werden. „Dynamisch" bedeutet, daß der Inhalt des Speicherbausteins durch eine spezielle Logik dauernd aufgefrischt werden muß, da ansonsten die Daten wieder verloren gehen würden. Der Vorteil dynamischer RAMs liegt darin, daß sie bedeutend kleiner gebaut werden können als statische RAMs, das heißt auf gleicher Chipfläche können wesentlich mehr Speicherzellen untergebracht werden. Das akzeptierbare Minimum der Arbeitsspeichergröße wächst stetig mit den immer komfortabler und besser werdenden Programmen. So ist für einen Multimedia-Rechner zur Zeit ein Minimum von 4 MByte angesagt, um vernünftig arbeiten zu können.

Am Anfang des PC-Zeitalters waren maximal 640 kByte Arbeitsspeicher völlig ausreichend, das heißt die Architektur des Computers wurde so ausgelegt, daß maximal 640 kByte adressiert werden konnten. Mit sinkenden Preisen der Speicherbausteine und steigendem Bedarf durch die modernen Programme mußte nach Möglichkeiten gesucht werden, um mehr Speicher adressieren zu können. Die Firmen Lotus, Intel und Microsoft entwickelten die Expanded Memory Specification (EMS), die angibt, wie Programme den Expansionsspeicher nutzen sollen. Der Expansionsspeicher (Expanded Memory) erlaubt zusätzliche 32 MBytes Arbeitsspeicher, der in Seiten (Pages) eingeteilt ist und dadurch, mit Hilfe eines Treiberprogrammes, adressiert werden kann. EMS wird häufig von DOS-Programmen unterstützt. Die meisten Windows-Programme hingegen nutzen die heute populärere Methode, um mehr Arbeitsspeicher zu nutzen, nämlich den Erweiterungsspeicher (Extended Memory). Die Extended Memory Specification (XMS) erlaubt aber nur Systemen mit 80286- und höheren Prozessoren die Erweiterung von Arbeitsspeicher. Da EMS vor XMS auf dem Markt war, sind viele Programme für EMS ausgelegt, ein spezieller Treiber (EMM386) aber kann Expansionsspeicher in dem Erweiterungsspeicher emulieren, so daß diese Programme trotzdem auch unter XMS ausgeführt werden können. Genaue Erläuterungen, über die entsprechenden Treiber, sind im Handbuch des Betriebssystems (DOS) aufgeführt.

Der Speicher kann im Normalfall problemlos von jedem Anwender selbst erweitert werden, sofern noch freie Steckplätze auf dem Motherboard vorhanden sind. Es gibt verschiedene Module für die Erweiterung, die bei jedem Bauteile-Verteiler gekauft werden können. Vor dem Kauf muß jedoch stets das Handbuch des Motherboards durchgesehen werden, um den nötigen Typ ausfindig zu machen. Die häufigsten Baugruppen sind die SIMM-Module, die ganz einfach in den entsprechenden freien Sockel eingesteckt werden können. Die zweite Gruppe stellen die SIP-Module dar, die aber meist eingelötet werden müssen. Geachtet werden muß vor allem auf die Organisation des Speichers, die Kapazität und die Zugriffsgeschwindigkeit. Die meisten PC-Händler bieten leider nur einen Typ an mit vielleicht zwei verschiedenen Geschwindigkeiten, nämlich die Module, welche in die von ihnen verkauften Rechner passen. Der Auswahl und des Preises wegen lohnt sich jederzeit der Kontakt zu einem Bauteile-Distributor. Die Speicherorganisation gibt die Busbreite der verwendeten RAM-Bausteine auf dem SIMM-Modul an, sie ist durch die Organisation auf dem Motherboard gegeben. Üblich sind Organisationen von 1 MByte x 8 (1 MByte Speicherkapazität, 8 Bit Busbreite) oder 1 MByte x 9 respektive 4 MByte x 8 oder 4 MByte x 9. Bei einem 32 Bit PC müssen also immer 4 Module eingesteckt werden um den Speicher zu erweitern. Es gibt aber auch Module mit einer Organisation von 1 MByte x 36 respektive 4 MByte x 36. Dabei genügt natürlich ein Modul pro Erweiterung. Bei der Zugriffsgeschwindigkeit empfiehlt es sich, die gleichen Werte wie bei den bereits installierten Modulen einzusetzen.

Ein weiterer, sehr schneller Arbeitsspeicher, ist bei vielen PCs in kleinen Dimensionen (bis etwa 128 kByte) vorhanden, nämlich der Cache Speicher. Programmteile oder Daten, die sehr oft verwendet werden, lagert der Cache-Kontroller in diesen speziellen Arbeitsbereich, wo sehr kurze Zugriffszeiten geboten sind. Daten oder Programmteile, die über längere Zeit nicht mehr gebraucht wurden, werden ganz einfach wieder mit wichtigeren Sachen überschrieben, wobei die „weggeworfenen" Daten natürlich weiterhin im Arbeitsspeicher für spätere Nutzung vorhanden sind. Der Cache-Kontroller, eine elektronische Schaltung, verwaltet also das Zusammenwirken von Arbeitsspeicher und Cache-Speicher.

1.10 Verständigung zwischen Mensch und Maschine

1.10.1 Maus / Griffel

Die heutigen PC-Programme sind ohne Maus oder Griffel gar nicht mehr effizient zu bedienen. Griffel sind meist noch für CAD Anwendungen, also für das Computer unterstützte Design eingesetzt, sie entsprechen dem gewohnten Bleistift am besten. Aber auch hier hält die Maus mehr und mehr Einzug, so daß sie bei den heutigen Anwendungen als wichtigstes Eingabegerät bezeichnet werden kann. Für mehr als 90 Prozent der Anwendungen genügt eine Maus mit zwei Tasten. Sie wird an einer der seriellen Schnittstellen des PCs angeschlossen. Beim Kauf ist darauf zu achten ,daß Standardtreiber wie sie z.B. in Windows enthalten sind, die Maus ansteuern können. Ist dies nicht der Fall, sollte darauf geachtet werden, daß entsprechende Treiber mit der Maus mitgeliefert werden.

Die Hersteller sind stets bemüht, den Bedienungskomfort der Programme zu verbessern. Da die Maus ja als ein Hauptelement für die Bedienung angesehen werden kann, steht auch bei deren Entwicklung die Zeit nicht still. So sind heute bereits Mäuse erhältlich, die nebst den zwei obligaten Tasten noch 10 bis 12 Funktionstasten aufweisen (Abb. 1.15). Ob diese Idee sich durchsetzen wird, das steht wohl noch in den Sternen.

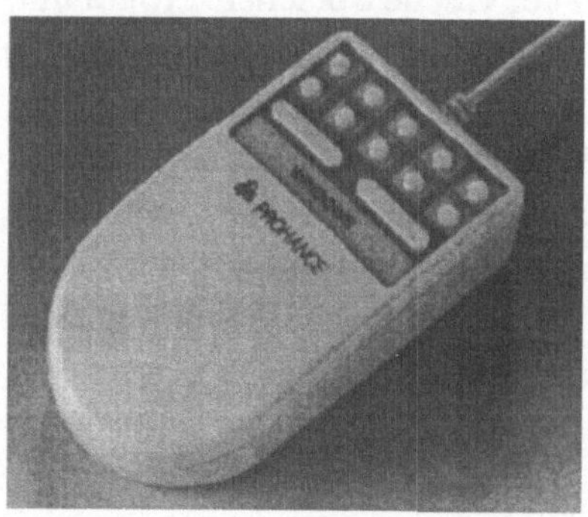

Abb. 1.15: Zusatzfunktionen auf der Maus
(Quelle PROHANCE)

1.10.2 Tastatur

Die wohl bekannteste Schnittstelle zwischen Mensch und Computer stellt die Tastatur dar. Sie steht für die Eingabe von Daten wie auch von Befehlen. Über den Aufbau muß wohl nicht viel gesagt werden, kennt man die Tastatur doch von der Schreibmaschine her. Wichtig aber bei der Anschaffung einer Tastatur ist deren Qualität, sie ist entscheidend für die Benutzerfreundlichkeit und die Lebensdauer. Die Benutzerfreundlichkeit muß sehr hoch eingestuft werden, denn die Benutzung schlechter Tastaturen kann Sehnenentzündungen oder rheumatische Beschwerden hervorrufen. Die Tastatur muß unbedingt von dem Computergehäuse getrennt sein, damit sie optimal und körpergerecht vor dem Anwender positioniert werden kann. Damit der Handballen bequem aufliegt, sollte die Tastatur auch möglichst flach gestaltet sein, und eine rutschfeste Auflage ist eine Selbstverständlichkeit.

Dank zunehmender Besorgnis der Computeranwender um ihre Gesundheit, konnten einige alte Forderungen von Arbeitsmedizinern endlich auch den kommerziellen Durchbruch schaffen. So werden von Herstellern auch immer mehr Ergonomie-Spezialisten und Designer verpflichtet, Tastaturen zu kreieren, die der menschlichen Anatomie am nächsten kommen. Durch eine Zweiteilung der Tastatur sollen ergonomischen und arbeitsmedizinischen Anforderungen Rechnung getragen werden. Die Belastungen für Gelenke, Sehnen und Muskeln werden reduziert.

1.10.3 Bildschirm

Der Bildschirm, oder auch Monitor genannt, gilt wohl als wichtigstes Peripheriegerät des Computers. Er ist das Mitteilungsorgan des PC, um uns Menschen seine Aktionen, seine Resultate mitzuteilen. Arbeitet man am PC, so sitzt man unweigerlich in nächster Nähe vor einem Monitor. Nicht wenige Anwender, so z.B. Sekretärinnen, müssen das Tag für Tag, Monate für Monate während mehreren Stunden tun. Schon deshalb lohnt es sich, einige Worte über dieses Peripheriegerät zu verlieren.

a) Strahlung
Das heute häufigste Verkaufsargument ist das Schlagwort „strahlungsarm". Um den Elektronenstrahl so zu lenken, daß überhaupt ein Bild entsteht, sind Elektromagnete und hohe Spannungen notwendig. Dies führt notgedrungen zu elektromagnetischen und elektrostatischen Feldern, mit denen ein Monitor umgeben ist. Die Stärke verringert sich mit zunehmendem Abstand deutlich. Da man aber, im Gegensatz zum Fernseher, doch mit normalem Leseabstand vor dem Monitor sitzt, sind diese Felder nicht unproblematisch.

Ein Effekt der statischen Felder ist die Aufladung der Bildröhre, sie wird innen mit energiereichen Elektronen beschossen und lädt sich an der Front negativ auf. Die dicke Glasmasse wirkt gegen außen als guter Isolator, so daß außerhalb eine positive Ladung entsteht. Staubteilchen oder Bakterien werden dadurch von der

Bildröhre angezogen, umgeladen, wieder abgestoßen und gegen den Anwender geschleudert. Augenbrennen, Entzündungen und Akne können die Folge sein.

Über den direkten Einfluß der elektromagnetischen Strahlen auf den Menschen liegen bis heute keine gesicherten wissenschaftlichen Ergebnisse vor. Das magnetische Wechselfeld induziert im Körper schwache Ströme, von denen man annimmt, daß sie Zellen schädigen können. Besonders gefährdet ist das ungeborene Leben, deshalb sollten schwangere Frauen keine längeren Bildschirmtätigkeiten ausüben. Eine andersgelagerte Studie von schwedischen Forschern gibt Anlaß zu Bedenken. Jede Amalgamplombe im Gebiß sondert bekanntlich Quecksilber ab, weshalb viele Toxikologen und Zahnärzte vor dem Gift im Mund warnen. In der Studie fand man nun heraus, daß unter dem Einfluß von Monitorstrahlung bis zu sechsmal mehr Quecksilber als normal herausgelöst wird. Leute mit vielen Amalgamplomben und täglichem Kontakt mit Bildschirmen sollten also unbedingt auf strahlungsarme Monitore, welche die schwedische Norm erfüllen, achten.

Was hat es nun mit dem Attribut „strahlungsarm" auf sich? Häufig beschränken sich die Angaben der Hersteller auf diesen Ausdruck, ohne genau zu spezifizieren, was das für das einzelne Gerät überhaupt bedeutet. Momentan existieren zahlreiche Normen, die sich in Wirksamkeit und Strenge deutlich unterscheiden. Zahlreiche Diskussionen über die Auswirkungen von Strahlen mögen der Grund sein dafür, daß einheitliche Normen noch in den Sternen geschrieben stehen. Es gibt schwedische Richtlinien, deren Ziele relativ hoch gesteckt sind, die aber noch heute meist nur von Monitoren der oberen Preisklasse erfüllt werden. Die Hersteller werden jedoch bestrebt sein, ihr Möglichstes zu tun, um das technisch Machbare auch bei der Serienproduktion einfliessen zu lassen. Der Anwender kann durch seine Kaufentscheidung Einfluß nehmen und Zeichen setzen. Erfüllt ein Monitor die Schwedische Richtlinie MPR II oder gar TCO 90/91, so ist er sicher auf dem modernsten Stand der Technik, was die Strahlung anbelangt.

Neben der Strahlung gibt es noch andere wichtige Faktoren, die bei der Bildschirmwahl Einfluß nehmen sollten. Allein die Strahlungsarmut macht noch nicht den perfekten Bildschirm.

b) Schirmgröße / Bildflimmern / Auflösung
Die minimale Größe, für das Arbeiten unter Windows, sollte eine Bildschirmdiagonale von 14 Zoll sein. Dieses Maß gilt heute als Standard und wird üblicherweise zu jedem PC angeboten. Für den professionellen Multimedia PC sind 16 oder 17 Zoll Monitore die optimalen Ausgabegeräte. In den meisten Anwendungsfällen jedoch wird die Standardgröße durchaus genügen. Die Auflösung, d.h. wieviele Bildpunkte auf Ihrem Monitor dargestellt werden, hängt allein von

der Grafikkarte ab, die das Bild aufbereiten und dem Monitor zuspielen muß, keinesfalls aber von der Bildschirmdiagonalen. Lediglich bei der Leserlichkeit spielt die Schirmgröße natürlich eine große Rolle. Auf einem 14 Zoll Monitor ist die Standard-VGA-Auflösung von 640x480 Bildpunkten durchaus sinnvoll. Die Auflösung von 800x600 Bildpunkten würde die Darstellung von mehr Information oder größeren Fensterformaten auf dem Bildschirm erlauben, hat aber bei 14 Zoll den Nachteil, daß die Schriftgröße oft ein Lesen in normalem Abstand nicht mehr erlaubt und die Augen strapaziert werden. Am besten, der Anwender sucht sich selbst die für ihn beste und angenehmste Auflösung, indem er im Windows Betriebssystem, in der Hauptgruppe unter Windows-Setup, den entsprechenden Bildschirmtreiber installiert oder auswählt. Vorsicht ist jedoch geboten, daß man den Monitor nicht überfordert, denn größere Auflösung hat zur Folge, daß mehr Informationen pro Zeiteinheit an den Monitor übermittelt werden müssen. D.h. die Frequenz wird erheblich erhöht. Bitte lesen Sie vor den Versuchen das Datenblatt und klären Sie ab, welche Frequenzen Ihr Monitor vertragen kann. Die entsprechenden Erklärungen finden Sie im Kapitel „Fernsehnormen".

Das Bildflimmern wird oft nicht direkt wahrgenommen, wenn man an dem Bildschirm arbeitet. Es äußert sich meist nach längerem Arbeiten in Kopfschmerzen. Am besten kann man das Flimmern erkennen bei weißem Bildhintergrund, bei einem größeren Abstand und nur im Augenwinkel betrachtet. Spätestens seit die Verkäufer von Fernseher eine neue Waffe haben, nämlich den 100 Hz Fernseher, wird uns allen wieder in Erinnerung gerufen, daß eine höhere Bildwiederholfrequenz natürlich auch weniger flimmern bedeutet. Die technischen Verbesserungen in Bezug auf Geschwindigkeit der Elektronikkomponenten erlaubten diesen Schritt in der Unterhaltungselektronik, der sicher zu begrüßen ist. Analog dazu sind diese Bestrebungen natürlich auch im Monitorbereich vorhanden und hier gilt es beim Kauf das beste Preis/Leistungsverhältnis zu finden. Stehen Sie vor der Neuanschaffung eines Monitors, sollten Sie ihn unbedingt auf die Bildschirm-Kontroller-Karte und auf Ihr Anwendungsgebiet abstimmen. Eine große Rolle spielt dabei die Zeilenfrequenz oder auch Horizontalfrequenz genannt, welche die Anzahl der horizontalen Abtastungen des Elektronenstrahls je Sekunde angibt.

Anhand der Möglichkeiten der miroMOVIE Karte sollen in der Tabelle 1.8 generell die Zusammenhänge zwischen Auflösung, Bildwiederholfrequenz und nötiger Zeilenfrequenz erläutert werden. Es ist auch ersichtlich, daß bei einer Auflösung von 1024 x 768 ein absolut flimmerfreies Bild, und zwar mit 75 Hz

Bildwiederholfrequenz und im non interlaced Modus, nur dann erreicht wird, wenn der Monitor eine Zeilenfrequenz von 64 kHz zuläßt.

Auflösung Farben	Bildwiederholfrequenz		minimale Zeilenfrequenz
	interlaced	non interlaced	(Horizontalfrequenz)
1024 x 768 16 / 256	87 Hz	75 Hz	64 kHz 35 kHz
800 x 600 32'768		56 Hz 61 Hz	35 kHz 38 kHz
800 x 600 16 / 256		56 Hz 61 Hz 70 Hz	35 kHz 38 kHz 45 kHz
640 x 480 16 / 256 / 32'768		60 Hz 67 Hz 72 Hz 85 Hz	31,5 kHz 35 kHz 38 kHz 45 kHz

Tabelle 1.8: Zusammenhänge bezüglich Auflösung

c) Punktabstand

Die Bildröhre des Fernsehers oder Monitors hat eine Lochmaske, welche die Funktion einer Blende hat. Der kontinuierlich durchlaufende Elektronenstrahl würde ein eher verschwommenes Bild auf der Bildröhre austasten; dank der Maske wird der Strahl unterbrochen, und es entstehen Punkte, die ein bedeutend schärferes Bild abgeben. Die Feinheit der Lochmaske, also der Punktabstand (Dot Pitch), wiederum ist maßgebend für die Qualität des Bildes. Man versucht den Punktabstand so fein wie möglich zu halten, für Monitore hat sich mittlerweile ein Standard von 0.28 mm eingependelt.

d) Einstellungen

Auch die Arbeitshaltung sollte möglichst entspannt sein, deshalb muß ein optimaler Blickwinkel eingestellt werden können. Achten Sie deshalb auf die Neigungsmöglichkeiten des Bildschirmfusses. Empfohlen wird ein leicht nach unten gerichteter Blickwinkel, der Muskelverspannungen im Schulter und Nackenbereich am wenigsten aufkommen läßt.

1.10.4 Spezial-Bildschirme

Vor allem in tragbaren Computern, den sogenannten Portables wie Laptop oder Notebook, finden andere Bauarten von Bildschirmen Verwendung, da eine Bildröhre keinen Platz findet und zudem viel zu schwer ist. Sehr gute und gestochen scharfe Anzeigen erhielt man mit Plasma-Displays, welche im übrigen sehr oft in Schaufenstern von Banken anzutreffen sind, wo Wechsel- und Börsenkurse angezeigt werden. In der farbenfrohen Welt von heute hingegen hat diese Art von Anzeige keinen Platz mehr, da keine Farbdarstellung möglich ist. Bei tragbaren Computern, die batteriebetrieben sind, mußte zusätzlich auf möglichst geringen Stromverbrauch geachtet werden, weshalb sich die LCD Technik (Liquid Crystal Display) immer mehr durchsetzt. Die Farbfähigkeit von LCDs hat heute einen Stand erreicht, der für den Anwender durchaus akzeptabel ist. Nachteilig ist die Trägheit der LCDs bei einem Bildwechsel, so daß gerade bei Multimedia-Anwendungen, mit z.B. kurzen Filmsequenzen, ein beträchtlicher Nachteil entstehen kann gegenüber der Bildröhre mit der auch brillantere Farben erzielt werden. Hingegen ist Strahlung für LCDs kaum ein Thema und zudem darf man von dieser Technik in Zukunft noch einiges erwarten. Ihre Nachteile werden von Jahr zu Jahr geringer. Ihr Einsatzgebiet wird sich nicht auf die Portables beschränken.

1.10.5 Touchscreen Panels

Interaktive Anwendungen leben von dem Dialog zwischen Anwender und dem Computer. Tastatur und Maus als Eingabegeräte haben sich zwar etabliert, jedoch gibt es Anwendungen, bei denen ausschließlich eine Tastatur zu viele Möglichkeiten offen lassen würde, oder wo sie ganz einfach keinen Platz hat. Je nach Zielpublikum würde auch die Bedienung einer Maus eine gewisse Hemmschwelle hervorrufen, was sicherlich nicht im Sinne des Herstellers einer Multimedia-Schau wäre. Eine Alternative und gleichzeitig sehr elegante Lösung bietet ein Eingabegerät, das dem Bildschirm direkt vorgeschaltet, d.h. auf dem Bild aufgebracht ist, nämlich ein Touch-Panel. Diese Panels stehen überall dort in sinnvollem Einsatz, wo Textverarbeitungsfunktionen keine zentrale Rolle spielen: bei Prozessüberwachungen, Produktionssteuerungen, Reservationssystemen, Demonstrationseinheiten usw.

Drei Technologien haben sich für die Praxis bewährt: die kapazitive, die druckempfindliche und die Infrarot-Ausführung. Die Touch-Panels müssen zwei Bedingungen erfüllen, nämlich hohe Lichtdurchlässigkeit und exaktes Erkennen der Fingerposition. Der Touchscreen-Rahmen, also die eigentliche Tastenmatrix, kann im Normalfall auf jeden beliebigen Monitor aufgesteckt oder fest montiert werden. Es sind Rahmen in unterschiedlichsten Größen und mit unterschiedlichsten Auflösungen erhältlich. Es gibt auch die Methode, bei der die Sensoreinheit direkt mit der Bildröhre verklebt wird. Die Touchscreen-Rahmen werden über

einen Kontroller (oft ist er schon im Rahmen integriert) an eine serielle Schnittstelle des Personal Computers angeschlossen (Abb. 1.16), ähnlich der Tastatur.

Kapazitive Touch-Panels bestehen aus einer Glasscheibe mit eindiffundiertem
Metallstaub; sie arbeiten wie eine Kondensatorplatte. Der berührende Finger ruft
auf der Scheibe eine Kapazitätsänderung hervor, die von dem Kontroller regi-
striert und geortet wird, ein entsprechendes Signal wird an den PC weitergegeben. Beim Infrarot-Panel wird die Fingerposition mit Hilfe einer Lichtmatrix abgetastet. Sie besteht aus Infrarot-Leuchtdioden und Infrarot-Empfängern. Die
Unterbrechung des Lichtstrahls läßt auf die genaue Position des Fingers schlie-
ßen. Druckempfindliche Panels kann man als durchsichtige Folientastatur be-
zeichnen. In Matrixform werden zwei Folien mit elektrisch leitendem Material
beschichtet und durch flexible Distanzstücke voneinander getrennt. Per Finger-
druck werden beide Flächen aufeinandergepresst und der Schaltkreis wird elektrisch geschlossen. Bei den druckempfindlichen Panels gibt es auch analoge
Ausführungen, die nicht in einer Matrix beschichtet sind; die Position des
Fingers bestimmt der Kontroller hier anhand des Stromflusses.

Für die Programme, welche mit einem Touchscreen-Panel zusammen funktionieren sollen, stehen dem Entwickler genügend Werkzeuge zur Verfügung. Maus-
Emulatoren lassen ein bestehendes Programm problemlos auf Touch-Bedienung
umstellen. Beim Kauf eines Touchscreen-Panels ist darauf zu achten, daß die
benötigten Treiber für die benutzte Oberfläche, z.B. Windows, vorhanden sind.
Das Panel sollte auch den Bedürfnissen und der Umgebung angepaßt sein
(Bedingungen, Auflösung, Reinigungsmöglichkeit usw.).

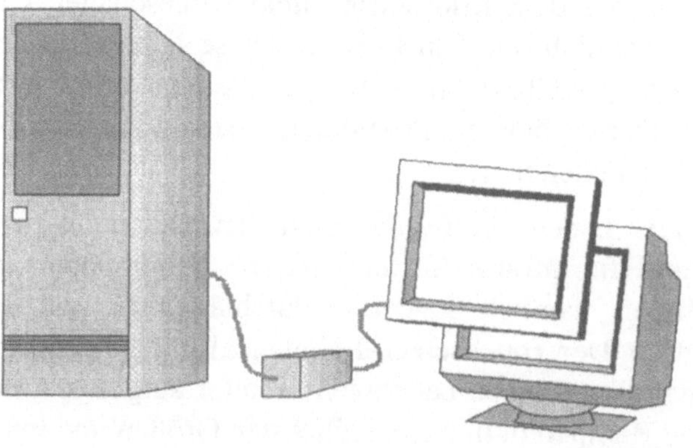

Abb. 1.16: Montage und Anschluß eines Touchscreen Panels

1.10.6 Bildschirm-Kontroller (Video- oder Grafik-Karten)

Für die PCs gibt es auf dem Markt eine Fülle von Bildschirm-Kontroller-Karten, sie werden auch Video-Boards oder Graphic-Controller genannt. Die wohl häufigste Karte für Multimedia-Anwendungen ist die VGA (Video Graphics Array). Die Auflösung beträgt bei den Standard Kontroller-Karten 640 x 480, 800 x 600 und 1024 x 768 Pixels. Letztere zwei Auflösungen benötigen einen erweiterten VGA Adapter, der aber meist auch bei kostengünstigen Kontrollern vorhanden ist. Weiter gibt es Kontroller, die Auflösungen bis 1280 x 1024 Pixels darstellen können. Bei diesen Kontrollern ist darauf zu achten, daß auch entsprechende Treibersoftware mitgeliefert wird, und zwar für die verschiedensten Programme oder für Windows. In Tabelle 1.9 sind die Proportionen der Grafikauflösungen dargestellt.

Achten Sie darauf, falls Ihre Multimedia-Anwendungen auf dem Bildschirm ablaufen, muß der Bildschirm-Kontroller bei der geforderten Bildauflösung, Zeilenfrequenz und Bildwiederholfrequenz mindestens auch 32'000 Farben darstellen können. Noch besser ist die Möglichkeit 16 Mio. Farben darstellen zu können, da ansonsten die Farbtreue von digitalisierten Fotos oder Video-Sequenzen nicht gegeben ist. Die Darstellung von 256 Farben ist zwar schon ganz passabel, aber für professionelle Anwendungen genügt es nicht. Die genannten Faktoren bezüglich Bildschirm sind in dem Kapitel „Fernsehnormen" eingehend beschrieben.

Bezeichnung	Auflösung (Punktmatrix)	Gesamtzahl der Bildpunkte
VGA	640 x 480	307'200
SVGA	800 x 600	480'000
XGA	1024 x 768	786'432
	1280 x 1024	1'310'720
	1600 x 1200	1'920'000

Tabelle 1.9: Grafikauflösungen

1.10.7 Drucker

Sobald das auf dem Computer Geschaffene in Papierform vorliegen soll, wird der Drucker zum wichtigsten Peripheriegerät. Je nach Anwendung müssen sehr hohe oder eben auch weniger hohe Ansprüche an ihn gestellt werden. Deshalb haben meist auch alle verschiedenen Technologien ihre Daseinsberechtigung.

Generell bestehen nebeneinander vier Druckertechnologien, die sich durchgesetzt haben: der Matrix- oder Nadeldrucker, der Tintenstrahldrucker, der Laserdrucker und der Thermodrucker.

Der Druckkopf des Matrixdruckers enthält eine Anzahl feiner Nadeln, die während der Bewegung über das Papier zur richtigen Zeit angeschlagen werden. Für die Schwärzung ist ein Farbband nötig, das zwischen Nadel und Papier liegt, analog zur Schreibmaschine. Je mehr Nadeln ein Druckkopf enthält, umso besser ist die Schriftqualität, da pro Buchstabe mehr Punkte zur Verfügung stehen. Nadeldrucker sind gegenüber allen anderen Techniken im Vorteil, wenn mehrere Durchschläge nötig sind, wie beispielsweise bei dem Ausdruck eines Flugtikkets. Für alle Anwendungen, bei denen diese Option nicht erforderlich ist, wird der Nadeldrucker zusehends von dem Tintendrucker oder auch von dem Laserdrucker verdrängt.

InkJet, BubbleJet oder Piezo, sind alles Druckertechnologien, die mit Tinte arbeiten. Der Unterschied besteht lediglich darin, mit welcher Methode die Tinte auf das Papier gebracht wird. In Bezug auf die Druckqualität laufen die kostengünstigen Tintendrucker wiederum den Laserdruckern immer mehr den Rang ab, nicht zuletzt weil sie als umweltfreundlich eingestuft werden können, und zwar bezüglich Energieverbrauch und Abfallmenge der Nachfülleinheiten. Als heute wohl modernste Art Tinte aufs Papier zu bringen gilt die Piezo-Technik. Sie erzielt unter den Tintendruckern das beste Ergebnis bezüglich Auflösung, Geschwindigkeit und Stromverbrauch.

In Büros, in denen sehr viel in sehr guter Qualität gedruckt werden muß, ist natürlich der Laserdrucker nach wie vor die beste Lösung. Für die Schwärzung wird Toner verwendet, genau gleich wie bei dem Kopierautomaten. Gegenüber der Tinte bietet dies den großen Vorteil, daß die Gefahr des Verschmierens durch nasse Finger oder Wasserspritzer sehr viel geringer ist. Sobald aber auch Farbe ins Spiel kommt, kann die Lasertechnologie ganz schön ins Geld gehen. Hier hat der Tintendrucker sicherlich bei den meisten Firmen wieder den Vorrang.

Immer mehr vom Aussterben bedroht ist der konventionelle Thermodrucker, der den Einsatz von speziellem wärmeempfindlichem Papier erfordert. Der Druckkopf, eine Punktmatrix aus Halbleiterelementen, bewegt sich über das Papier, wobei die entsprechenden Halbleiterelemente fortlaufend aufgeheizt werden und die Punkte auf das Papier brennen. Diese Drucktechnik ist sehr leise und auf kleinstem Raum aufzubauen. Sie ist heute noch in platzsparenden Faxgeräten und in miniaturisierten Druckern für Notebooks, Bancomaten usw. eingesetzt.

Nachteilig ist das Spezialpapier, das relativ teuer und unangenehm in der Handhabung ist.

Eine professionelle Hardware für farbige Ausdrucke bildet der Thermotransferdrucker. Auf einer Trägerfolie liegen drei oder vier Grundfarben in Seitengröße, und zwar hintereinander. Während eine aufwendige Mechanik das Blatt nacheinander über jeden dieser vier Bereiche führt, wird die Farbe durch Hitzeeinwirkung von der Folie abgelöst und auf das Papier gebracht. Ungefähr 2'500 winzige Thermoelemente im Druckkopf bringen die etwa 300 Grad Celsius für diesen Prozeß auf. Echtfarben sind für den Thermotransferdrucker kein Problem, er eignet sich also sehr gut für qualitativ hochwertige Farbdrucke. Nachteilig wirkt sich jedoch der hohe Verbrauch an Farbfolien und das Verlangen nach Spezialpapier aus. Oft muß die Folie bereits nach 150 Blatt ausgewechselt werden. Diese Kosten schlagen sich beträchtlich auf den Seitenpreis nieder, zudem verlangt die Sondermüll-Folie eine gewissenhafte Entsorgung.

1.10.8 Großbildprojektion für Multimedia-Systeme

Falls das System nicht auf die Einzelperson ausgerichtet ist, so erfüllt das beste Multimedia-System seinen Zweck nicht, wenn die Bilder nicht an die Frau oder an den Mann gebracht werden können. Einen Bildschirm zu teilen macht bereits bei vier Personen Mühe, es bleibt nur die Großbildprojektion um den Kreis der Betrachter auszuweiten.

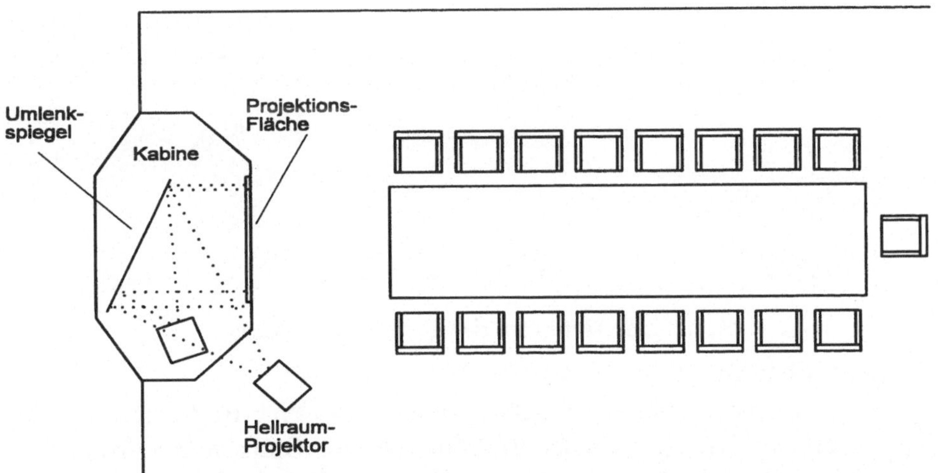

Abb. 1.17: Konferenzraum mit Rückprojektion. In der Kabine sind alle Medien angeordnet (Video-Beam, Dia Projektor usw.). Der Hellraumprojektor steht außerhalb der Kabine, bequem zu bedienen für den Redner.

Die Projektion des Monitorbildes auf die Leinwand kann direkt von vorne geschehen, oder durch die moderne Methode der Rückprojektion, wie sie in Abbildung 1.17 dargestellt ist. In einer Kabine hinter der Leinwand sind alle Geräte
(Daten-/ Video-/ Dia-Projektor) angeordnet. Der Hellraumprojektor steht neben
dem Rednerpult. Alle Bilder der verschiedensten Quellen erscheinen verzeich-
nungsfrei und mit guter Intensität auf der Leinwand neben dem Referenten und
sind somit für alle Teilnehmer gut sichtbar.

Für die Großbildprojektion sind heute drei Methoden üblich, nämlich die Bildschirmwand bestehend aus einer Bildschirm-Matrix, der Video-Projektor und die
LCD-Auflage für Hellraumprojektoren (Abb. 1.18)

a) Bildschirmwand
Die Bildschirmwand besteht aus einzelnen Bildschirmen, die in Matrixform angeordnet sind. Ein ausgeklügeltes Steuersystem erlaubt es, ein Fernsehbild so auf
die einzelnen Bildschirme aufzuteilen, daß jedem Monitor nur sein Teil des Bildes zugespielt wird. Alle Bildschirme zusammen ergeben für den Betrachter
wieder das Gesamtbild. Diese Methode erlaubt natürlich auch, daß jeder Bildschirm ein Einzelbild darstellen kann, das heißt, es können beliebige Bildaus-
schnitte auf beliebig viele Bildschirme verteilt werden. Die gleichen Möglichkeiten kennt man von den gut aufgemachten, professionellen Dia-Shows. Die Pro-
jektionsmethode der Bildschirm-Wand trifft man häufig auf Messen an, wo die
Lichtverhältnisse schwierig sind.

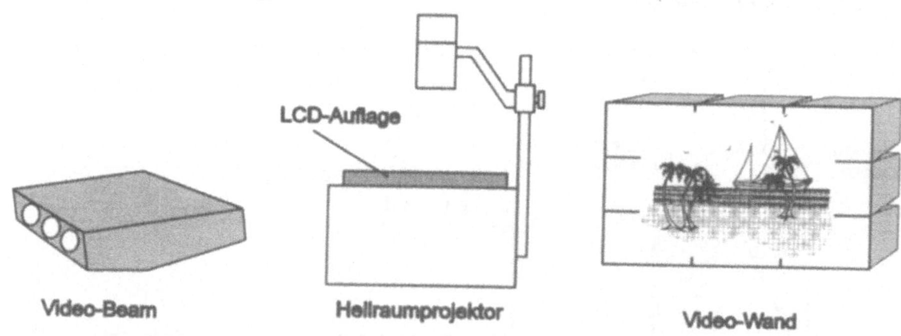

Abb. 1.18: Methoden der Großbildprojektion

b) Video Projektion
Der an der Decke montierte Projektor besteht aus drei Bildröhren mit den
Grundfarben Rot/Grün/Blau. Jeder Bildröhre ist eine Optik vorgeschaltet, welche es ermöglicht, das Monitorbild auf die Leinwand zu projizieren. Diese Pro-
jektionsmethode wird dort angewendet, wo die Distanz der Betrachter relativ
groß ist und demzufolge auch das Bild entsprechend groß sein muß. Es können
Bilder bis zu 4 m Breite projiziert werden. Der Raum muß teilweise abgedunkelt
werden.

c) Overhead-Projektion mit LCD-Auflage
Liquid Crystal Displays (LCD), die das Monitorbild austasten können, werden
auf dem Hellraumprojektor installiert. Sie können Daten im VGA, EGA und
CGA Modus projizieren und mit entsprechendem Adapter auch Fernsehbilder.
Zum Hellraumprojektor ist zu sagen, daß er sehr lichtstark sein muß, um ein bril-
lantes Farbbild zu erhalten (3000 bis 5000 Lumen). Die Overhead-Projektion
findet vor allem bei Schulungen oder bei Firmenpräsentationen Anwendung.
Der Raum muß teilweise abgedunkelt werden bei der Anwendung des LCD-
Aufsatzes.

1.10.9 Die Verbindung zum Betriebssystem

Ein Betriebssystem, oder Operating System auf Englisch, hat die Aufgabe alle
Computer Ressourcen zu verwalten. Alle Programme sollen diese Ressourcen
finden und richtig nutzen können. Zudem müssen Dateien erzeugt, verwaltet und
gelöscht werden können. Das Betriebssystem ist die unterste Software-Ebene,
das Fundament des „Programmhauses", installiert auf einem Computer. Für den
Anwender ist ein Betriebssystem meist kompliziert und aufwendig zu bedienen,
deshalb ist man bestrebt, auf einer nächsthöheren Software-Ebene eine Benutzeroberfläche zu schaffen, die für den Anwender möglichst große Transparenz
ergibt und einfach zu bedienen ist. Für ein bestmögliches Mensch-Maschinen-
Interface hat man die grafischen Oberflächen geschaffen, bei denen der Anwender mit Hilfe der Maus und mit symbolischer Darstellung der Daten und Programme, schnell und einfach den Computer bedienen kann. Windows 3.0 und
3.1 sind solche Benutzeroberflächen, die auch unter der Bezeichnung „Graphical
User Interface" (GUI) bekannt sind. Als Betriebssystem muß bei diesen Windows Versionen nach wie vor das MS-DOS resident sein. Die neue Software von
Microsoft hingegen, Windows NT, hat das Betriebssystem und die grafische
Oberfläche in einem einzigen Programm vereint. Mehr Angaben über die Oberflächen finden Sie im Teil 2 „Die Benutzeroberfläche".

2 Reise in die Multimedia-Welt

2.1 Einleitung

Der Kernpunkt eines Multimedia Werkzeugs bildet zweifelsohne der Computer. Er dient als Zentrale für die Steuerung der verschiedenen Ausgaben und ist zusätzlich Werkzeug für die Erstellung von Texten, Grafiken, Sprach-, Musik- und Videoaufnahmen. Im grafischen wie im musikalischen Bereich konnte der DOS-PC Commodore und Apple Computern lange Zeit nicht das Wasser reichen. Der immer größer werdende offene Markt der IBM-kompatiblen PCs, der damit verbundene Preissturz und nicht zuletzt die Windows Benutzeroberfläche von Microsoft haben dazu geführt, daß auch der IBM-kompatible PC mit all den erhältlichen Zusatzkarten sich durchaus mit den alteingesessenen Multimedia-Spezialisten, wie dem Mac, messen kann. Die Fülle von Erweiterungskarten geben dem Anwender gar die Möglichkeit, sich seinen Computer nach den persönlichen Bedürfnissen zusammenzustellen.

Dank Microsoft Windows, als multimedialer Benutzeroberfläche, fällt auch die oft aufgetretene Inkompatibilität zwischen den Einschubkarten verschiedener Hersteller und den verschiedenen Softwareanwendungen weitgehend weg. Die Karten-Hersteller müssen entsprechende Treiber für Windows anbieten können inklusive der nötigen Installationsprogramme, und die Softwareentwickler müssen ihre Programme in die Windows Oberfläche einbinden. Das heißt, das Programm muß unter Windows lauffähig sein. Beim Kauf von Einschubkarten für die Aufrüstung des PCs auf einen Multimedia-PC (MPC), sollte man sich stark am Trend und natürlich am persönlichen Interesse orientieren. Es werden sich diejenigen Produkte herauskristallisieren, welche für den größten Spaß und Nutzen sorgen werden. Zusammenfassend kann gesagt werden, wenn die Einschubkarte einen funktionierenden Windows Treiber hat, dann liegt man heute sicher im Trend.

2.2 Multimedia in der Stube

Um die Multimedia-Welt in noch größerem Masse an den Mann beziehungsweise an die Frau zu bringen, haben die Hersteller sich nicht nur auf den Computermarkt beschränkt, sondern erobern immer mehr auch den Bereich der Heimgeräte und hier vor allem den Fernseher. Seitens der Heimgeräte wird zudem das Verlangen nach digitaler Speicherung von Informationen immer größer. Ist die Information einmal digital gespeichert, gibt es für die Verarbeitung der Informationen keinen Unterschied mehr, sei es nun Text, Bild, Musik, Sprache oder Video. Digitale Speicherung bietet gegenüber analogen Systemen den riesigen Vorteil, daß auf die Daten in beliebiger Folge und sehr schnell zugegriffen werden kann. Analoge Systeme sind linear, das heißt der Ablauf kann nicht beliebig und individuell gewählt werden.

Als Brücke zwischen den Heimgeräten und der Computerwelt werden also Systeme angeboten, mit denen digitale Daten ab Compact-Disk dem Fernseher zugespielt werden können. Mit einem Minimum an Bedienungselementen kann der Ablauf von dem Anwender beeinflußt werden, wobei der Interaktivität sehr große Bedeutung zugemessen wird (Abb. 2.1).

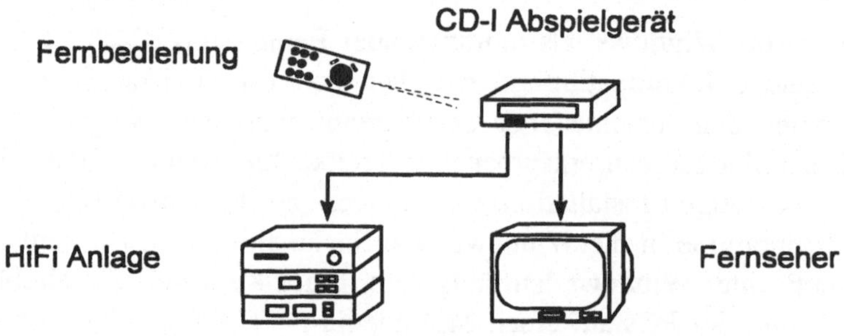

Abb 2.1: Fernseher mit Multimedia-Fähigkeiten

2.2.1 CD-I System

Mit CD-I (Compact Disk Interactive) ist Philips mit einem Multimedia-System auf den Markt gekommen, das an das heimische Fernsehgerät angeschlossen werden kann. Das CD-I Abspielgerät ähnelt einem CD-Audio-Abspielgerät. Es wird an den Fernseher über ein SCART Kabel und gleichzeitig an die HiFi-Anlage angeschlossen. Die Fernbedienung ist mit einem Joystick oder einem Trackball ausgerüstet, damit der Zeiger (Cursor) auf dem Bildschirm bewegt werden kann (Abb. 2.2).

Die angebotenen Titel auf der CD-I Scheibe, wie Lernprogramme, Spiele usw. sind so aufgebaut, daß sichtbare oder auch versteckte „Knöpfe" auf dem Bildschirm erscheinen, die mit Hilfe der Fernbedienung und des Zeigers angetippt werden können. Somit ist ein interaktives Erlebnis mit diesen Titeln gegeben. Auch der Inhalt einer Photo-CD von Kodak kann über dieses Abspielgerät auf den Fernseher gebracht werden. Das Abspielgerät beinhaltet eine CD-I Betriebssystem-Software, welche die Steuerung des CD-Spielers, die Aufbereitung des Signals, den Datentransfer zum Fernseher und die Abfrage der Fernbedienung bewerkstelligt. Auch das Abspielen von Audio-CDs ist selbstverständlich möglich. Für die Verstärkung und Ausgabe des Tonsignals dient dazu die HiFi Anlage.

Abb. 2.2: Fernbedienung zu CD-I Abspielgerät von PHILIPS

CD-I Titel können auch mit einem CD-ROM-XA Laufwerk gelesen werden, allerdings mit gewissen Einschränkungen (siehe auch Kap. 1.6.3). Diese Möglichkeit schafft die Brücke zwischen CD-I und dem Multimedia-PC.

2.2.2 Modular Windows

Ein zur Zeit mit CD-I vergleichbares System hat die Firma Microsoft auf den Markt gebracht, nämlich Modular Windows. Wie der Name schon verrät, ist das System sehr an die Benutzeroberfläche Windows für PCs angelehnt. Es liefert alle Vorteile von Windows in einer sehr kompakten Form. Das erste Gerät für Modular Windows ist Tandy's „Video Information System" (VIS), ein CD-ROM basiertes Multimedia Laufwerk, das an den Heimfernseher angeschlossen wird.

Das Betriebssystem Modular Windows ist auf einer Speicherkarte untergebracht, die einfach in das Abspielgerät eingesteckt wird. Eine Fernbedienung mit Trackball dient auch hier unter anderem für die Cursorsteuerung. Durch die offene und skalierbare Architektur von Windows ist es für die Softwarehersteller zum Teil sehr einfach, bestehende CD-ROM Titel auf Modular Windows anzupassen. Titel, die sowohl auf Multimedia-PCs wie auch auf den Heimgeräten abgespielt werden können, erweitern natürlich das Marktsegment enorm. Dank dieser Kompatibilität ist zu erwarten, daß in kürzester Zeit eine riesige Fülle an Titeln erhältlich sein wird. Modular Windows ist für die Zukunft gerüstet, um weitere interaktive digitale Geräte anzusteuern, anfänglich jene die den Fernseher als Ausgabegerät nutzen.

2.3 Was macht den PC zum Multimedia-PC

2.3.1 Die Spezifikationen

Die Multimedia Spezifikation gibt an, welche minimale Bestückung ein PC haben soll, um als Multimedia PC (MPC) zu gelten und um somit den üblichen MPC Programmen zu genügen. Anders ausgedrückt, ist für ein Anwendungsprogramm MPC Kompatibilität gefordert, so muß der PC diesen Mindestanforderungen entsprechen, um das Programm ausführen zu können. In Tabelle 2.1 sind die Mindestanforderungen zusammengefaßt.

- Zentraleinheit (CPU) 80286 / 10 MHz
- Arbeitsspeicher 2 MByte RAM
- Festplatte 30 MByte
- Floppy Laufwerk 3 1/2 Zoll High Density (HD)
- Sound-Karte mit 8 Bit A/D - D/A - Wandler
- CD-ROM Laufwerk mit mindestens 125 kByte pro Sekunde Datendurchsatz
- MIDI Schnittstelle (normalerweise in Sound-Karte integriert)
- VGA Grafik-Karte und Monitor mit 640 x 480 Pixels, 256 Farben
- Microsoft Windows 3.0 mit Multimediaextension oder Windows 3.1

Tabelle 2.1: Mindestanforderungen an einen MPC

- Zentraleinheit (CPU) 80386/80486 mit mind. 33 MHz
- Arbeitsspeicher 8 MByte
- Festplatte 200 MByte
- Floppy Laufwerk 3 1/2 Zoll High Density (HD)
- Sound-Karte mit 16 Bit A/D - D/A - Wandler, stereo, Sampling Rate 44 kHz
- CD-ROM Laufwerk mit mindestens 125 kByte pro Sekunde Datendurchsatz
- Schnelle SVGA-Karte als Bildschirmkontroller mit 1 MByte Speicher
- Bildschirm mit Zeilenfrequenz von mind. 64 kHz
- Tower-Gehäuse mit leistungsstarkem Netzteil
- Microsoft Windows 3.1

Tabelle 2.2: Idealausstattung eines MPC

Leider sind die Mindestanforderungen für die meisten heute erhältlichen Anwendungen zu tief angesetzt, so daß für multimediale Anwendungen bereits ein 486er Rechner oder mindestens ein 386-DX mit Cache Speicher, sowie 8 MByte Arbeitsspeicher und eine große, schnelle Festplatte vorhanden sein sollten.

Für Sound-Samplings oder Bildaufnahmen mit Scanner sollten auf der Festplatte zudem immer etwa 60 bis 80 MByte frei sein, um anständig arbeiten zu können. Tabelle 2.2 zeigt die Idealausstattung, die ein Multimedia-PC heutzutage haben sollte.

2.3.2 Die Benutzeroberfläche

Die Benutzeroberfläche Windows 3.1 von Microsoft hat Multimedia auf DOS-Rechnern erst möglich gemacht, sie ist also ein wesentlicher Bestandteil eines Multimedia-PCs. Diese Oberfläche hat inzwischen solch einen Bekanntheitsgrad erreicht, daß trotz ihrer Wichtigkeit nicht weiter auf diese Software eingegangen werden muß. Für den Anwender, wie auch für den Hersteller von Software, ist es aber wichtig zu wissen, was ihn in Zukunft bezüglich Betriebssystem und Benutzeroberfläche erwarten wird. Angesprochen ist das neue Betriebssystem NT von Microsoft. Jedes neue Betriebssystem hat mit der Akzeptanz von Softwareherstellern, wie auch von Anwendern zu kämpfen. Für den Hersteller besteht das Risiko, daß das neue Betriebssystem zum Flop wird und er mit seinem Softwarepaket im Regen steht. Für den Anwender gibt es zuwenig Softwarepakete, die unter dem neuen System lauffähig sind.

Nun hat Microsoft einen Weg gefunden, wie neue 32-Bit-Programme, geschrieben für NT, in einer Übergangsphase auch mit bereits vorhandener Hard- und Software verwendet werden können. Das garantiert den Software-Herstellern einen großen Markt und die kostspielige Pflege zweier Programmversionen - für Windows 3.1 und für Windows NT - entfällt vollkommen. Den Anwendern wird die Möglichkeit geboten, vorhandene Software gemischt mit neuen Programmen, weiterhin zu nutzen. Der Übergang zum neuen Betriebssystem kann somit fließend, über Jahre hinweg, geschehen. Die Zwischenstufe heißt Win32s. Damit funktionieren also 32-Bit-Programme ohne Änderungen und ohne Neukompilierung auch unter Windows 3.1. Die 32-Bit-Programme werden parallel zu den herkömmlichen Windows 3.1-Programmen ablaufen (Abb. 2.3), wobei der Datenaustausch zwischen den Programmen voll unterstützt wird. Im Gegensatz zu NT gibt es unter Win32s für die Programme natürlich einige Einschränkungen. So gibt es beispielsweise auch keine Multitasking-Fähigkeit unter Win32s. Die Softwarehersteller haben es jedoch in der Hand durch Einhalten gewisser Regeln eine volle Kompatibilität zu erreichen, so daß es für den Anwender keine Unterschiede gibt, ob er nun das Programm unter NT oder unter Windows 3.1 mit Win32s laufen läßt.

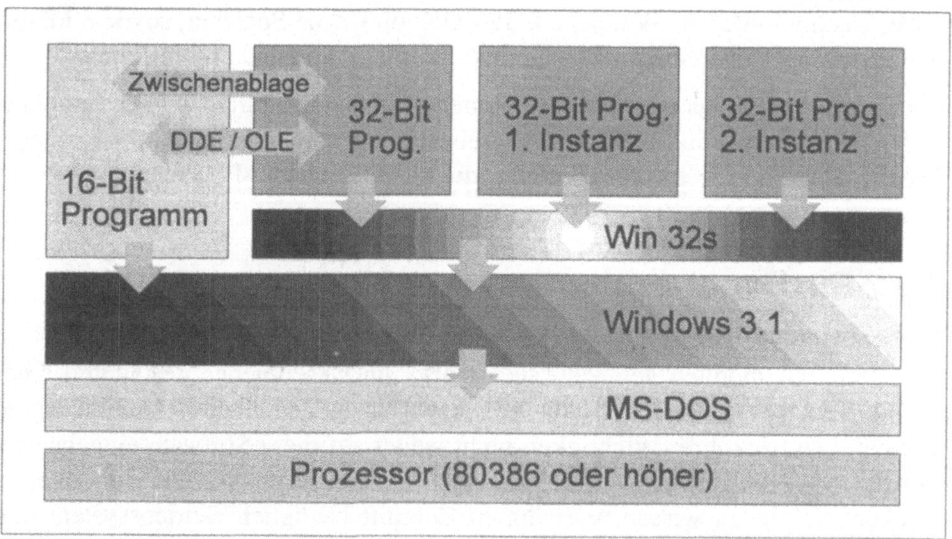

Abb. 2.3: Paralleler Ablauf von 16-Bit-Programmen und 32-Bit-NT-Programmen

2.3.3 OLE

Sollen verschiedene Daten in einem Dokument vereint werden, wie beispielsweise Text / Grafiken / Bilder / Videos / Sprache / Musik, dann ist die Windows-Funktion OLE behilflich (Object Linking and Embedding). Es entsteht ein zusammengesetztes Dokument, auf Englisch Compound Document genannt. Alle Einzelbestandteile laufen unter der Bezeichnung „Objekt". Object Linking and

Embedding bietet die Möglichkeit, entweder die Objekte direkt in das Dokument einzubinden oder dann einen Verweis auf das Objekt abzulegen.

Was aber ist unter Objekt oder Objektorientierung zu verstehen. Ein Objekt ist eine enge Beziehung zwischen Daten und speziellen Funktionen, welche diese Daten bearbeiten können. Nur diese speziellen Funktionen dürfen in der Lage sein diese Daten zu manipulieren. Betrachten wir es an einem praktischen Beispiel. Wir erstellen mit Hilfe des Programms „COREL *DRAW*" eine Grafik. Diese vektororientierte Grafik ist nun das Objekt, bestehend aus Daten. Das Grafik Programm stellte die Funktionen, wie Skalieren / Löschen / Drehen usw. Nur diese Funktionen in dem Grafik Programm „COREL *DRAW*" können und dürfen weiterhin das Objekt verändern. Wird diese Grafik nun in ein Word-Dokument eingebettet, so ist das Textverarbeitungsprogramm „Word" also nicht in der Lage das Objekt zu verändern. Durch einen Doppelklick auf die eingebettete Grafik aber weiß das Objekt selbst was zu tun ist, startet automatisch das Programm „COREL *DRAW*" und lädt die Grafik hinein für die weitere Bearbeitung. Wie vorangehend bereits einmal erwähnt, läßt bereits die Bezeichnung „Object Linking and Embedding" erahnen, daß zwei Methoden möglich sind, um ein Objekt mit einem Dokument zu vereinen. Entweder das Objekt wird samt Daten in das Dokument eingebettet (Embedding), dabei entsteht eine Kopie des Originals im Zieldokument, oder es wird bloß ein Verweis auf das Objekt in dem Dokument gespeichert (Linking), die Daten stehen dabei in einer externen Datei. Wie alles auf der Welt haben beide Methoden Vor- und Nachteile. Der große Vorteil beim Verknüpfen von Objekten (Linking) ist vor allem die automatische Aktualisierung. Bei jedem Öffnen des zusammengesetzten Dokuments wird automatisch kontrolliert, ob das eingefügte Objekt zwischenzeitlich geändert wurde. Man hat anschließend die Wahl, die Änderungen zu übernehmen oder nicht. Beim Einbetten ergibt sich der Vorteil, daß das Dokument in sich geschlossen ist und keine weiteren Dateien jederzeit zur Verfügung stehen müssen.

2.4 Der Weg zum Multimedia PC (MPC)

Abhängig von der bereits verfügbaren Hardware eines PC oder von den Ansprüchen des Benutzers, muß ein entsprechender Weg eingeschlagen werden, um zu einem Multimedia-PC zu kommen. Grundsätzlich bieten sich drei Wege an, die nachfolgend erläutert werden. Bitte achten Sie in jedem Fall darauf, daß genügend 16 Bit Steckplätze und ein starkes Netzteil (200 W) vorhanden sind, damit die Erweiterungen problemlos ausgeführt werden können.

2.4.1 MPC Update Kit

MPC Update Kits bestehen in den meisten Fällen aus einer Sound-Karte, einem Paar Lautsprecher und einem CD-ROM Laufwerk (Abb. 2.4). Multimedia Kits enthalten abgestimmte Komponenten, die den einfachen und betriebssicheren Einsatz garantieren. Zudem sind die Kits meist zu sehr attraktiven Preisen erhältlich. Findet man diejenige Kombination der Elemente, die den eigenen Anforderungen entspricht, so ist der Kauf eines Update Kits mit Abstand die beste Lösung um einen PC zum MPC aufzurüsten. Auf entsprechende Treibersoftware sollte unbedingt geachtet werden, damit die neuen Komponenten auch sicher in das vorhandene Betriebssystem oder in die gewohnte Benutzeroberfläche (z.B. Windows) eingebunden werden können. Wichtig ist ebenfalls das Vorhandensein von genauen Handbüchern, in denen Installation, Fähigkeiten und Anschlussmöglichkeiten der Komponenten genaustens beschrieben sind.

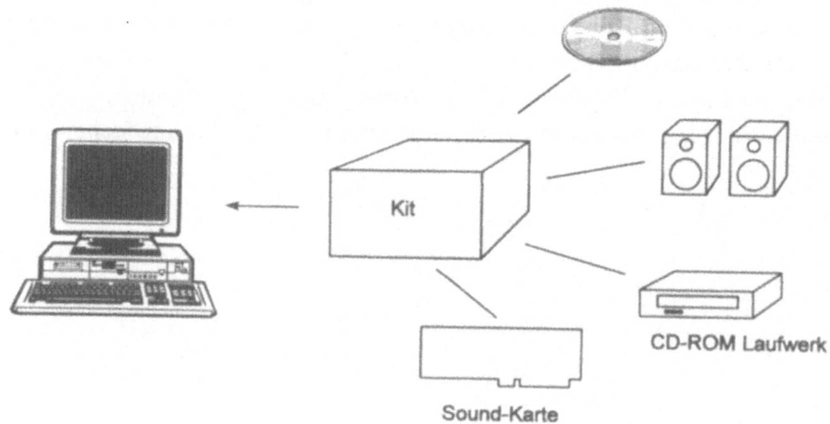

Abb. 2.4: Typische Komponenten eines Multimedia-Kit

2.4.2 Individuelle Zusammenstellung

Die Zusammenstellung einzelner Komponenten (Sound-Karte, CD-ROM usw.) nach eigenem Ermessen ist sicherlich die individuellste, aber nicht unbedingt die kostengünstigste Lösung (Abb. 2.5). Dazu ist ein breites Wissen über die einzelnen Komponenten und über die Kompatibilität notwendig, damit zum einen alles einwandfrei miteinander funktioniert und zum anderen nicht mit Kanonen auf Spatzen geschossen wird. Nach Studium dieses Buches sollten Sie aber auf jeden Fall in der Lage sein, den auf Ihre Bedürfnisse zugeschnittenen MPC zusammenstellen zu können.

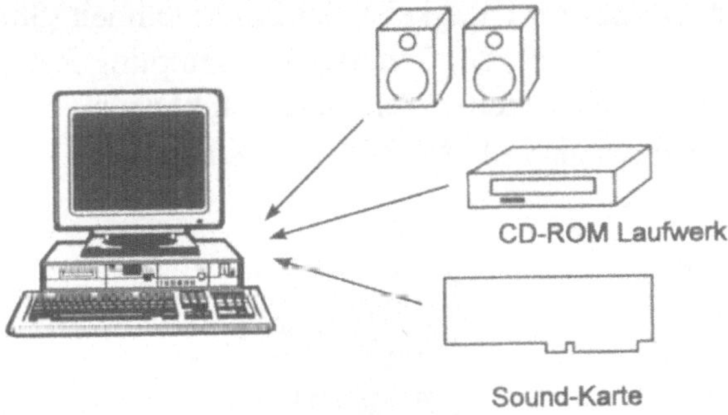

Abb. 2.5: Individuelle Auswahl der einzelnen Komponenten

Wer sich seinen MPC selbst zusammenstellt muß vermehrt auch immer auf entsprechende Treiber achten, damit die Hardware auch problemlos mit der Bedieneroberfläche Windows kommunizieren kann. Für diese Abklärungen sollte das jeweilige Datenblatt durchgesehen oder der Händler konsultiert werden. Das auf den Produktverpackungen befindliche MPC-Logo gibt zudem einen Hinweis auf mögliche Kompatibilität (Abb. 2.6).

Abb. 2.6: MPC-Logo auf Produktverpackungen

2.4.3 Kauf eines vorkonfigurierten MPC

Mit dem Kauf eines kompletten Multimedia-Systems, das der Händler oder bereits der Hersteller zusammengestellt hat, hat man Gewähr sich ein System zu erwerben, das dem MPC Standard entspricht (Abb. 2.7). Doch in vorangehenden Kapiteln haben wir festgestellt, daß der Standard den heutigen Anforderungen kaum noch entsprechen kann, somit ist beim Kauf des Komplett-Systems äußerste Vorsicht am Platz. Es heißt also die Ausstattung eines MPC-Systems genau zu studieren und im Zweifelsfall den Händler konkret auf die Fähigkeiten des Systems anzusprechen. Spezielles Augenmerk gehört dem CD-ROM-Laufwerk (XA-Standard, Multisession-Fähigkeit), der Zentraleinheit (386 oder 486 Prozessor mit Taktfrequenzangabe), der Soundkarte (Sampling Rate, 8 Bit oder 16 Bit AD/DA-Wandler) und dem Monitor inklusive Bildschirmkontroller (Zeilenfrequenz, Bildwiederholrate, Bildschirmdiagonale).

Abb. 2.7: Vom Hersteller vorkonfigurierter MPC

2.5 Text, das Basis-Medium

Zu Anfangszeiten der elektronischen Datenverarbeitung konnten die Rechner nur Zeichen und Text verarbeiten. So wurde zu Beginn auch der Personal Computer hauptsächlich mit Text „gefüttert", so daß als Ausgabe auch nur Text erwartet werden konnte. Sicherlich sind noch heute Textverarbeitung und Tabellenkalkulation die am häufigsten benutzten Anwendungen. Historisch gesehen kann der Text somit bestimmt als Basismedium angesehen werden.

2.5.1 Hypertext

Bei den Ursprüngen von Multimedia gibt es eine direkte Verbindung zu dem Thema Hypertext, weshalb diese Technik nicht unerwähnt bleiben darf. Teilinformationen werden in der Regel einem bestimmten Thema, z.B. Automobile, untergeordnet und in einem Buch zusammengefaßt. Gewisse Informationen könnten aber auch für ein anderes, keineswegs verwandtes Thema, z.B. Medizin, von Bedeutung sein. Befaßte man sich aber nur mit der Medizin, so würde man nie und nimmer auf die besagten Teilinformationen beim Automobil stoßen. Hypertext jedoch ist eine Technik, bei der die Informationen nicht einem Thema zugeordnet werden. Die Teilinformationen sind ohne irgendwelche Zusammenhänge auf einem Computer gespeichert. Der Zugriff erfolgt über verschiedenste Pfade, die je nach Informationsbedarf des Anwenders fortlaufend neu definiert werden. Hinter der Entwicklung von Hypertext steht der rationale Gedanke, den Schreib- und Speicherprozess von Textinformationen und deren Zugriff zu optimieren. Hypertext beschleunigt also den Zugriff zu gespeicherter Information und ermöglicht die Abfrage des vollen Informationsgehaltes.

Mit auf einem Computer gekoppelten, indexierten und gespeicherten Informationen erlaubt Hypertext also den Zugriff auf Informationen, die über konventionelle Wege durch den Anwender vielleicht gar nie entdeckt würden. Nehmen wir einmal an, wir würden uns für einen bestimmten Waldpilz interessieren, den wir beim Spaziergang gefunden haben. Im Pilzbuch finden wir ihn und lesen dabei, daß sein Gift eine bestimmte Krankheit hervorrufen kann. Will man nun wissen, was es mit dieser Krankheit alles auf sich hat, so hilft nur ein Medizinbuch. Unter Umständen muß man auch noch ein Heilbuch konsultieren. Hypertext jedoch erlaubt es, auf dem Computer die verschiedensten Themen und Fachgebiete in einem Zug bis zum Ziel zu durchfahren. Ein anderes Mal kommt man vielleicht durch gewisse Krankheitssymptome wieder genau auf den gleichen Schnittpunkt der Information, wie vorangehend über die Pilze. Jeder Anwender kann also diejenigen Themen erreichen, die für ihn wichtig sind, und zwar ohne unnötigen

Ballast an Informationen. Auch die Pflege oder Erstellung von Hypertext-Systemen ist bedeutend einfacher, da man ohne Rücksicht auf Bestehendes neue Erkenntnisse einfügen oder Veraltetes entfernen kann, natürlich unter Berücksichtigung der nötigen Relationen. Erweitert man das Hypertext-System mit Stand- oder Bewegtbildern, Sprache, Ton usw. so spricht man von einem Hypermedia-System.

2.5.2 Methoden der Texterfassung

Dank der frühen Nutzung der Personalcomputer für die Textverarbeitung sind, für diesen Zweck, bis heute sehr leistungsstarke Programme entstanden, z.B. MS Word für Windows, Word Perfect und andere. Rechtschreibehilfen und Wörterbücher sind bereits eine Selbstverständlichkeit. Für die direkte Eingabe von Text steht bis heute die Tastatur an oberster Stelle. Sicher wird die Technik eines Tages soweit sein, daß für die direkte Eingabe auch das Mikrofon benutzt werden kann.

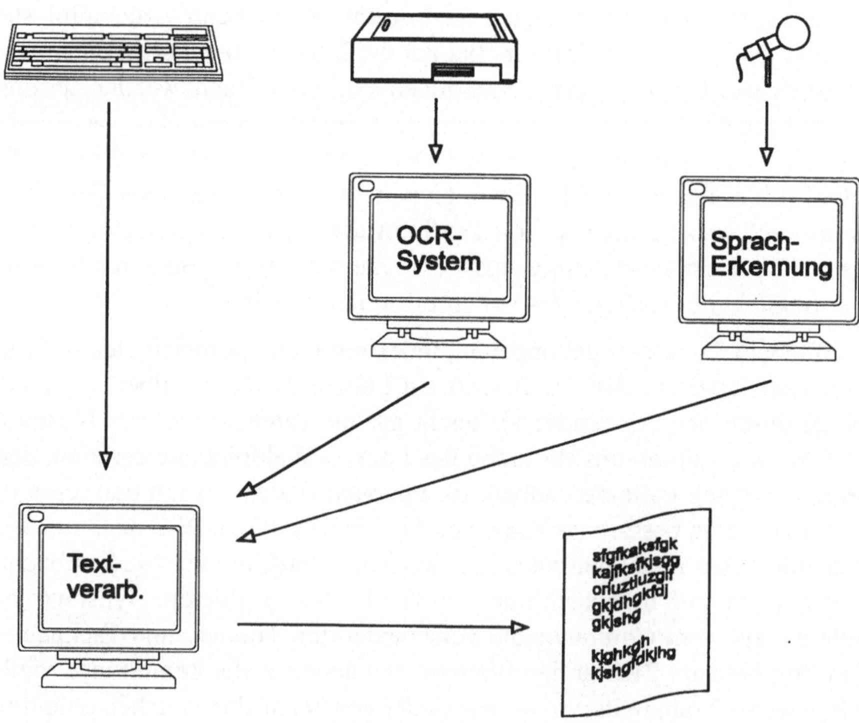

Abb. 2.8: Texterfassungsmethoden

Was aber schon heute zur vollen Zufriedenheit funktioniert und für den textorientierten Anwender einen wahren Segen darstellt, ist die automatische Texterfassung (OCR-Systeme zum Lesen von Maschinenschrift, Buch-, Zeitungs-, Laser- sowie Nadeldruck und Kettendruck). In Abbildung 2.8 sind die drei Erfassungsmethoden schematisch dargestellt. Maschinengeschriebener Text auf Papier, der mittels Scanner eingelesen wird oder ein eingehendes Fax, beides Bitmap-Formate, können mit Hilfe eines Texterkennungsprogrammes in ASCII-Zeichen aufgeschlüsselt werden. Die ASCII-Form des Textes kann über ein Textverarbeitungsprogramm modifiziert und ergänzt werden.

Bei Texterkennungsprogrammen sollte speziell auf hohe Erkennungsgenauigkeit geachtet werden, da ein Nachbearbeiten (Fehlerkorrektur, Eliminieren von Trennzeichen, Schriftartformatierung usw.) zu sehr hohen Zeitaufwänden führen kann. Zudem sollte die Erkennungssoftware für Druck- und Schreibmaschinenschriften frei trainierbar sein, um eine uneingeschränkte Schriften- und Sprachenvielfalt zu erreichen. Natürlich muß nicht zuletzt das Produkt der Erkennung in einem Format speicherbar sein, das die darauf folgend benutzte Textverarbeitungssoftware auch wieder verstehen kann.

Als etwas schwierig erweist sich das richtige Einscannen der Vorlagen für die anschließende Erkennung des Textes. So treten relativ viele Erkennungsfehler auf, wenn die Vorlage allzu schief erfaßt wurde. Besitzer von Flachbettscannern sind hier klar im Vorteil, denn die Positionierung der Vorlage ist einfach und präzise. Bei einem Handscanner empfiehlt es sich, die Vorlage rutschfest anzubringen und den Handscanner an einer parallel zur Vorlage verlaufenden Kante entlang zu führen. Unverständlich ist, daß die Hersteller von Handscanner nur auf gutes Design des Gehäuses und nicht auf die Funktionalität Wert legen. So ist es bei den meisten im Handel erhältlichen Handscannern ohne zusätzliche Maßnahmen sehr schwierig, sie einer Kante entlang zu führen. Es bleibt zu hoffen, daß auch auf diesem Gebiet die Vernunft siegen und der Bedienungskomfort steigen wird.

2.6 Was gibt den Ton an

2.6.1 Sprache und Musik

Sprache und Musik sind feste Bestandteile von Präsentationen und vor allem von Lernprogrammen. Wer kennt nicht die Sprachkurse, die neben den Bildern und Text auch musikalisch untermalt sind und via Sprachausgabe die korrekte

Aussprache der „native speaker" demonstrieren. Computerspiele scheinen nur halb so attraktiv zu sein, wenn es nicht tönt wie in einem Spielsalon. Für multimediale Anwendungen ist also die digitalisierte Sprach- und Musikanwendung nicht wegzudenken, ja es ist sogar der Inbegriff von Multimedia. Dem PC die Ausgabe von Tönen beizubringen, ist meist der erste Schritt zum Multimedia PC. Mit der entsprechenden Hardware ist der PC in der Lage, sich wie ein Audio-Kassettenrecorder zu verhalten oder gar synthetische Musik zu erzeugen.

2.6.2 Digitale Tonaufzeichnung

In der Tonwelt haben wir es mit analogen Signalen zu tun, welche die Luft, die unsere Ohren umgibt, in Schwingungen versetzen. Auf dem Computer hingegen verarbeiten und speichern wir nur digitale Daten, wie sie analog dazu auch auf den Audio CDs gespeichert sind (Abb. 2.9). Um die analogen Signale in digitale zu wandeln, sie zu speichern und zu verarbeiten und sie schließlich später wieder in analoger Form an den Lautsprecher zu senden, sind Schritte notwendig, deren Erklärung wieder eine Fülle von Begriffen erfordert. Um die Datenblätter und Handbücher von Sound Karten zu verstehen, sind die wichtigsten Begriffe im folgenden erläutert.

Abb. 2.9: Analog / Digital-Wandlung von Tondaten

Wenn ein Ton aufgezeichnet werden soll, dann müssen die Frequenzen und die Amplitude des Signals genaustens erfaßt werden. Wird das Signal verzerrt, so entspricht es bei späterer Wiedergabe nicht mehr dem Originalton. Für die digitale Aufzeichnung werden in genau definierten zeitlichen Abständen Momentanaufnahmen des Tonsignals gemacht. Der Amplitudenwert dieses Signals wird in einen digitalen Wert (Zahl) gewandelt und im Speicher abgelegt. Je größer die Wortbreite des Analog/Digitalwandlers ist, umso exakter kann der Amplitudenwert erfaßt werden und umso naturgetreuer wird der abgespielte Ton erscheinen, dessen Signal ein Digital/Analogwandler erzeugt. Üblich sind Wandler mit 8, 12 oder 16 Bit Wortbreite. Muß doch bei einem 8-Bit-Sample der gesamte Aussteuerbereich auf knappe 256 Abstufungen zusammengepfercht werden, bietet ein 16-Bit-Sample bereits eine Auflösung von rund 64'000 Stufen.

Ein weiterer Faktor für die Güte eines digitalen Tonsignales sind die zeitlichen Abstände zwischen den Momentanaufnahmen. Je kürzer diese Abstände sind, desto genauer wird das Tonsignal abgetastet. Diese Abtastrate wird als Sampling Rate bezeichnet. Als Faustregel gilt, daß die Abtastrate mindestens zweimal so hoch sein muß wie die höchste vorkommende Frequenz ist, die man noch einbeziehen möchte. Das menschliche Ohr erkennt Frequenzen bis ca. 20.000 Hz (HiFi-Normen), somit sollte eine Abtastrate von mindestens 40.000 Hz angewendet werden, um einen HiFi Klang zu erreichen.

Sampling Rate	Spieldauer	Speicherbedarf
8 kHz	10 Sekunden	80 kBytes (x 2 für stereo)
11 kHz	10 Sekunden	110 kBytes (x 2 für stereo)
22 kHz	10 Sekunden	220 kBytes (x 2 für stereo)
8 kHz	30 Sekunden	240 kBytes (x 2 für stereo)
11 kHz	30 Sekunden	330 kBytes (x 2 für stereo)
22 kHz	30 Sekunden	660 kBytes (x 2 für stereo)
44 kHz	30 Sekunden	1'320 kBytes (x 2 für stereo)
8 kHz	60 Sekunden	480 kBytes (x 2 für stereo)
11 kHz	60 Sekunden	660 kBytes (x 2 für stereo)
22 kHz	60 Sekunden	1'320 kBytes (x 2 für stereo)
44 kHz	60 Sekunden	2'640 kBytes (x 2 für stereo)

Tabelle 2.3: Speicherbedarf, abhängig von Sampling-Rate und Spieldauer

Legen Sie also Wert auf guten Klang, dann muß die Sound-Karte eine Sampling Rate von 44.000 Hz (angewandt bei der Musik CD) und eine Wortbreite von 12 oder 16 Bit aufweisen, wobei auch mit 8 Bit eine akzeptable Qualität erreicht wird. Das einzige Problem, das eine hohe Abtastrate und eine höhere Wortbreite mit sich zieht, ist die Speicherlimite des Computers. Bei einer Rate von 44 kHz und einer 8-Bit Wortbreite des Analog/Digitalwandlers ergibt sich ein Speicherbedarf von 44.000 Bytes pro aufgenommene Sekunde. Muß das Signal in Stereo sein, so verdoppelt sich sogar der Speicherbedarf. Tabelle 2.3 zeigt das Verhältnis von Speicherbedarf zu Sampling-Rate und Aufnahmezeit. Es soll also genau abgewägt werden zwischen geforderter Tonqualität und Speicherkapazität des vorhandenen Computers. So kann es dann auch durchaus sinnvoll sein, eine Sound-Karte einzusetzen, die auf der Aufnahmeseite eine kleinere Abtastrate hat als auf der Ausgabeseite (A/D-Wandler z.B. 30 kHz, D/A-Wandler 44 kHz). Sind nur Gespräche aufzuzeichnen und keine Musik, so ist die Abtastrate von 11 kHz ausreichend.

2.6.3 Soundkarten

Multimedia-Anwendungen ohne Soundkarte sind völlig undenkbar. Sprache und Musik sind unentbehrlich für gute Präsentationen oder Spiele. Über den im PC eingebauten Lautsprecher und die ihm vorgeschaltete Logik können dem Computer, außer einem kläglichen „Biep", keine außergewöhnlichen Töne entlockt werden. Auch für die Eingabe von Sprache und Musik gibt es beim konventionellen PC überhaupt keine Möglichkeiten.

Alle diese Aufgaben übernimmt jedoch sehr elegant eine Zusatzhardware, nämlich die Soundkarte. Auf dem Markt sind eine ganze Fülle von Soundkarten erhältlich, mit mehr oder weniger Möglichkeiten zu höheren oder niedrigeren Preisen. Um einen schnellen Eindruck zu gewinnen, wo die Soundkarte im Gesamtsystem angesiedelt ist und um im voraus zu erahnen, welche Möglichkeiten sich bieten, ist in Abbildung 2.10 die Soundkarte und deren Umfeld schematisch dargestellt.

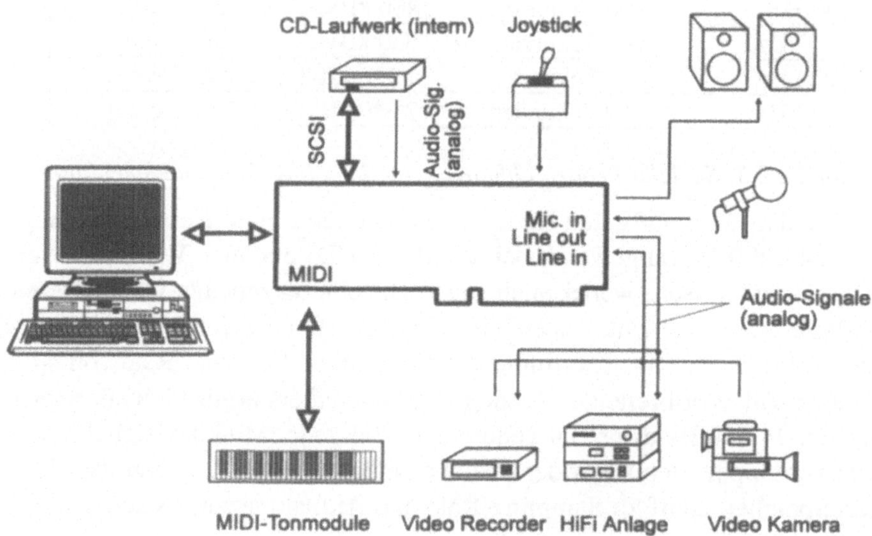

Abb. 2.10: Die Soundkarte und ihr Umfeld

Die Soundkarte hat zwei Hauptfunktionen, nämlich die anstehenden analogen Tonsignale der verschiedensten Quellen, wie Stereoanlage / Mikrofon / Audio-CD, zu erfassen, sie in digitale Signale zu wandeln (Analog-/Digitalwandler) und diese gewandelten Signale anschließend auf der Festplatte des PCs zu speichern. In umgekehrter Richtung soll die Soundkarte die digital gespeicherten Signale wieder in die analoge Form bringen (Digital-/Analogwandler) und die gewandelten Tonsignale auf die Lautsprecher oder an die Stereoanlage ausgeben. Die zweite Funktion ist die synthetische Tonerzeugung. Noteninformationen können an die Soundkarte geschickt werden, ein eingebauter Synthesizer erzeugt anschließend aus diesem Notenmaterial entsprechende Töne, die wiederum an Lautsprecher oder Stereoanlage weitergegeben werden.

Die Aufnahme

Wie bereits erwähnt, ist hardwaremässig auf der Soundkarte ein Analog-/Digitalwandler vorhanden, um die anstehenden Signale in digitale Form zu bringen. Die Analogsignale müssen vor der Wandlung gesampelt werden, d.h. in Bruchteilen von Sekunden müssen stets Momentanaufnahmen gemacht werden, damit der Analog-/Digitalwandler auch weiß, welche Werte er wandeln und weitergeben soll. Wörtlich aus dem Englischen übersetzt heißt Sampling soviel wie „Proben nehmen" oder „Proben sammeln", was den Vorgang eigentlich recht gut beschreibt. Weitere Erläuterungen über das Sampeln sind in Kapitel 2.6.2 „Digitale Tonaufzeichnung" aufgeführt.

Gesteuert wird die Aufnahme, sowie übrigens alle Funktionen der Soundkarte, über entsprechende Softwarewerkzeuge, die der Soundkarten-Hersteller mitliefert. In der Benutzeroberfläche Windows ist ein einfacher Aufnahme-Recorder enthalten, jedoch sind die vom Hersteller gelieferten Recorder beträchtlich besser der Hardware angepaßt (Abb. 2.11)

Vor der Aufnahme ist es wichtig, daß man die verschiedenen Tonquellen miteinander mischen kann. Als externe Quellen kommen die an der Soundkarte angeschlossenen Geräte wie Stereoanlage / Mikrofon usw. in Frage. Weiter sind interne Quellen möglich, so beispielsweise der Media-Player, der vielleicht gerade eine MIDI-Sequenz abspielt oder das interne CD-ROM Laufwerk, das gerade eine Audio-CD abspielt. Um dieses Tonmischen zu steuern enthält die Steuersoftware einen sogenannten Mixer, in Abbildung 2.11 ist er als Pocket Mixer zu erkennen. Bei jeder Tonquelle kann die Lautstärke und die Balance zwischen den Stereokanälen geregelt werden. Weiter ist die Möglichkeit gegeben, den Baß und die Höhen einzustellen. In einem Mixer-Dialogfenster wählt man, welche Tonquelle für die Aufnahme zugeschaltet werden soll.

Sind alle Einstellungen einmal gemacht, dann kann man sich an die Aufnahme wagen und den Recorder starten. Der Recorder ist mit Hilfe der Maus genau gleich wie ein herkömmliches Tonbandgerät zu bedienen, mit Aufnahmetaste / Rückspulen / Abspielen usw. Die Aufnahme kann anschließend noch mit verschiedenen Effektmöglichkeiten verfremdet werden. So kann eine bestimmte Tonpartie mit Echoeffekt versehen werden, Sequenzen kann man spiegeln, so daß sie im Endeffekt rückwärts ablaufen, sie können herausgelöscht oder verfielfältigt werden usw. Mit der Sampling-Methode aufgenommene Toninformationen werden in der Regel unter dem Datenformat „WAV" abgespeichert.

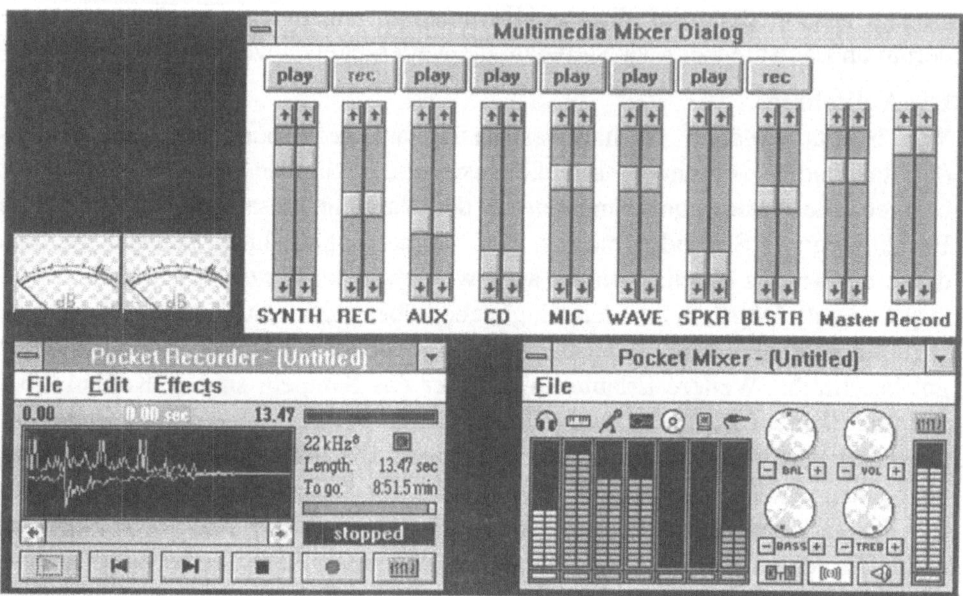

Abb. 2.11: Einstellmöglichkeiten für die Tonaufnahme (Quelle: Spectrum Plus 16)

Eine ganz andere Methode zur Aufzeichnung von Musik ist über das MIDI-Format möglich, bei dem Noteninformationen gespeichert werden. Somit entfällt das speicherintensive Sampeln. Diese Daten können jedoch nur von MIDI-Geräten erzeugt oder manuell eingegeben werden. Beispielsweise können die über eine Klaviatur eingespielten Noten an den Computer geleitet und abgespeichert werden. Die MIDI-Fähigkeiten sind in Kapitel 2.6.4 näher beschrieben.

Das Abspielen

Für das Abspielen digital gespeicherter Sprache und Musik benötigt man wiederum diverse Hard- und Software. Ziel ist es, diese gespeicherten Daten schlussendlich auf den Lautsprechern oder der Stereoanlage ausgeben zu können. Je nach eingesetzter Soundkarte und je nach Format der gespeicherten Daten kann ein PC auf verschiedene Weisen die Töne erzeugen.

Tonerzeugung durch Digital-/ Analogwandlung

Digitale Tonaufnahmen, die mit einem Sampler gemacht wurden, müssen über einen Digital-/ Analogwandler wieder in die ursprüngliche Form, in ein Analogsignal, zurückgeführt werden. Die Daten können von Festplatte, Diskette,

CD-ROM oder ähnlichem Datenträger stammen. Das zurückgewonnene Audio-signal kann über den Linienausgang der Soundkarte der Stereoanlage zugespielt oder direkt über Lautsprecher angehört werden.

Synthetische Tonerzeugung
Durch eine Klaviatur oder durch Musik-Komponier-Software erzeugte Noten-informationen im MIDI-Format werden direkt an einen auf der Soundkarte unter-gebrachten Synthesizer geschickt. Aufgrund der Daten erzeugt der Synthesizer die Instrumentenstimmen. Auch hier kann das erzeugte Analogsignal wieder konventionell weiterverarbeitet werden.

MIDI Tonerzeuger
Die gleichen Noteninformationen wie bei der synthetischen Tonerzeugung kön-nen über eine MIDI-Kommunikationsschnittstelle an beliebig viele MIDI-Toner-zeuger geschickt werden, welche sich alle außerhalb des Computers befinden.

Analoge Signalverarbeitung
Musik einer gewöhnlichen Audio-CD kann praktisch jedes CD-ROM Laufwerk abspielen. Das Laufwerk wird vom Computer aus angesteuert. Über den zusätz-lichen Digital-/Analogwandler, der in jedem CD-ROM Laufwerk eingebaut ist, werden die Toninformationen bereits in die analoge Form gebracht. Dieses Ana-logsignal steht einerseits direkt an dem Laufwerk befindlichen Kopfhöreraus-gang zur Verfügung, andererseits wird es zusätzlich der Soundkarte zugeführt, wo es mit anderen Tonsignalen gemischt werden kann.

Generell stehen für das Abspielen ähnliche Softwarewerkzeuge zur Verfügung wie bei der Aufnahme. Unter Windows findet man den Media-Player; er ähnelt wieder einem Kassettenrecorder mit Abspiel-, Rückspultaste usw. (Abb. 2.12). Der Media-Player ist in der Lage MIDI- und WAV-Dateien abspielen zu lassen. Genau der gleiche Media-Player kann übrigens auch für das Abspielen von digi-talen Videos benutzt werden. Das Mixer-Dialogfenster, eine Software der Soundkarte, die wir bereits bei der Aufnahme kennengelernt haben, dient auch bei der Ausgabe für die Zu- und Abschaltung, sowie Mischung der verschiedenen Tonquellen.

Bei der Auswahl von Soundkarten muß man sich überlegen, ob man sie nur zum Abhören fertiger Musikstücke einsetzt, oder ob man auch selber Sprachsequen-zen aufnehmen oder Musikstücke komponieren will. Bei aktiver Sound-Soft-ware müssen die Eigenschaften der Soundkarte hundertprozentig unterstützt werden. So muß sich die Auswahl der Soundkarte also nach der Klasse der Software richten, damit wirklich alle Eigenschaften genutzt werden können. Allerdings werden hier die Grenzen, dank der Benutzeroberfläche Windows von

Microsoft, etwas verschwimmen und größere Freiheiten bei der Zusammenstellung von Sound-Software und Hardware zulassen; sofern entsprechende Treiber für Windows angeboten werden. Klären Sie ab, ob die gewünschte Software unter Windows lauffähig ist und ob die gewünschte Soundkarte entsprechende Treiber für Windows hat, dann sind Sie bestimmt nicht schlecht bedient.

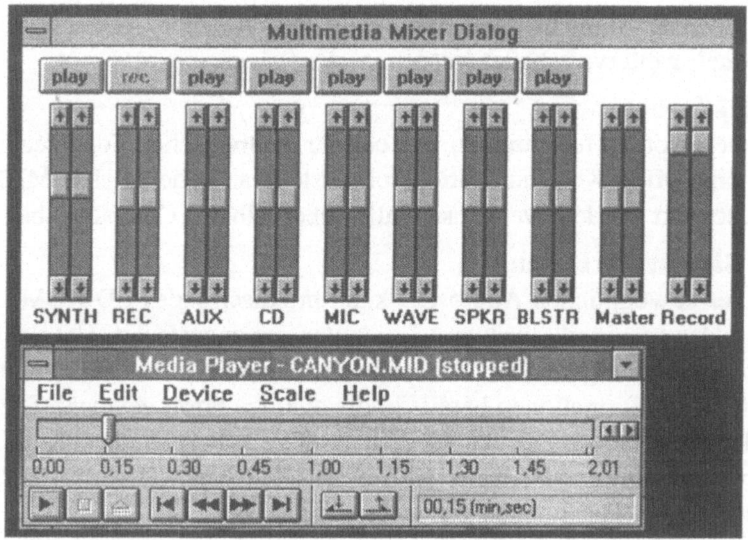

Abb. 2.12: Media-Player und Mixer-Dialogfenster

Ein wichtiges Kriterium kann auch der Datenzugriff über den DMA-Kanal sein (Direct Memory Access). Bietet die Soundkarte diese Möglichkeit, so können die Tondaten direkt von der Speichereinheit (z.B. Festplatte) zu der Soundkarte transferiert werden, ohne Umweg über die Zentraleinheit. Dieser direkte Zugriff ist wichtig für die simultane Ausgabe von Ton und Grafik, beispielsweise bei Spielprogrammen. Unterstützt die Soundkarte den vollen 16 Bit DMA Datentransfer, so sollte sie auch in einem 16 Bit ISA-Bus Steckplatz des PC-Motherboards betrieben werden.

Manche Soundkarten weisen einen Joystick-Anschluss auf (Game Port). Bei schnellen PCs ist beim Game Port eine Geschwindigkeitskompensation nötig, falls die gebräuchlichen Spielprogramme benutzt werden. Diese Kompensation muß durch die Soundkarte automatisch erfolgen. Meist ist bei den technischen Daten der Soundkarte angegeben, bis zu welcher Taktfrequenz der Zentraleinheit diese Kompensation funktioniert (z.B. 486/50 MHz).

2.6.4 MIDI

MIDI (Musical Instrument Digital Interface) ist ein Standard seit 1983, entwikkelt durch Hersteller von Musikinstrumenten und Musikausrüstungen. Dieser Standard gewährleistet die Anschlusskompatibilität eines jeden mit MIDI ausgerüsteten Musik Gerätes mit jedem anderen. Der Standard dient also dem Zweck des Datenaustausches unter den Geräten für die Nutzung aller definierten Möglichkeiten. Dies eröffnet dem PC Anwender die Möglichkeit, verschiedene Geräte, wie Keyboards / Synthesizer Module / Drum-Machines usw., vom Computer aus zu kontrollieren und zu steuern. Umgekehrt können die MIDI-Geräte auch Musikdaten an den Computer liefern (Abb. 2.13). Für die Steuerung der MIDI-Geräte ist eine zusätzliche Einschubkarte für den PC notwendig, die MIDI Interfacekarte.

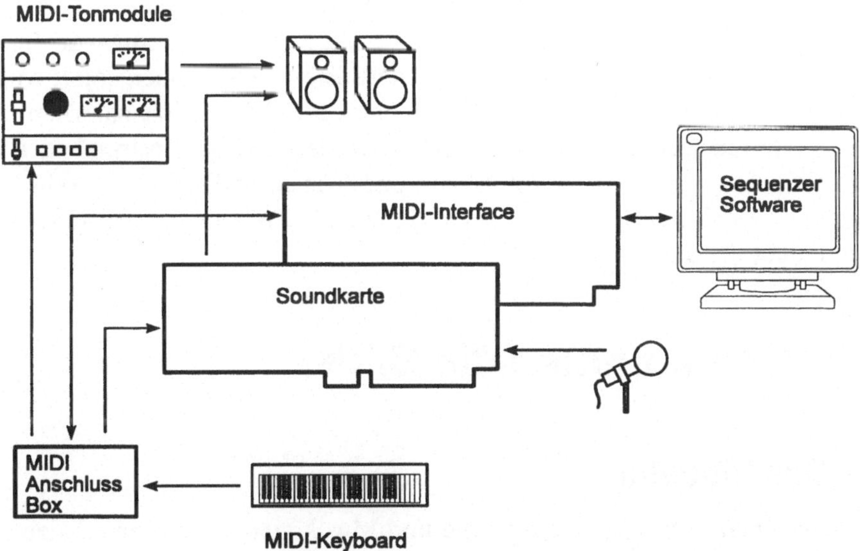

Abb. 2.13: Verknüpfung von PC und MIDI-Geräten

So können beispielsweise die mit einer MIDI-Klaviatur eingespielten Notenwerte an den PC weitergeleitet und dort abgespeichert werden oder dann über die PC-Soundkarte oder das externe MIDI-Tonmodul direkt in ein analoges Tonsignal gewandelt werden. Andererseits können MIDI Steuerbefehle von dem PC aus an externe MIDI Tonerzeuger geschickt werden. Auf diese Weise lassen sich in Verbindung mit einigen MIDI-Geräten, am PC auch umfangreiche Musikstücke komponieren.

Die gängigste Noteneingabe geschieht wohl über die Klaviatur, oder in Englisch, via Keyboard. Neben den Notenbefehlen können auch diverse MIDI-Kontroller-Informationen gesendet werden. Zudem gibt es eine ganze Reihe Software, welche die manuelle Noteneingabe, respektive die Komponierarbeit, unterstützt. Eine raffinierte Art der Noteneingabe bietet das Voice-to-MIDI Interface. Die Melodie kann eingesungen werden, Voice-to-MIDI wandelt die Stimme in MIDI-Tonhöheninformationen, was aber nicht mit dem Sampling verwechselt werden darf. Die gewonnenen Toninformationen können dann weiterverarbeitet und verschiedenen MIDI-Instrumenten zugewiesen werden.

MIDI-Daten lassen sich sehr vielfältig verändern, die Bearbeitungspalette reicht von Geschwindigkeitsänderungen ohne Tonhöhenbeeinflussung über automatische Rhythmuskorrekturen, über das Abspielen mit völlig anderen Klängen bis hin zu der algorithmischen Generierung von Variationen.

MIDI ist auch ein Fileformat für die Aufzeichnung von Musik oder Tonereignissen. Gespeichert werden Informationen über die Note, das erzeugende Instrument, die Notenlänge, die Dynamik usw. Diese Ereignisse können somit wieder exakt reproduziert werden, mit der Möglichkeit und Flexibilität natürlich, daß sie nach Wunsch jederzeit noch abgeändert werden können (Instrument, Lautstärke usw.). Die Speicherung von Musik und Ton in MIDI-Files ist sehr ökonomisch bezüglich der Speichernutzung, da nur die Ereignisse gespeichert werden, und nicht der eigentliche Ton.

2.7 Woher kommen die Bilder

2.7.1 Das Visuelle

Mindestens ebenso wichtig wie Sprache und Musik sind bei multimedialen Anwendungen Bilder, Bildsequenzen und Animationen. In der Welt der bewegten Bilder werden in Video-Recordern oder Fernsehern analoge Signale verarbeitet. Für PC-Anwendungen gilt es auch hier, die Signale in eine digitale Form zu bringen. Um diese Aufgabe zu bewältigen, sind auf dem Markt einige Produkte an Hard- und Software erhältlich. Da bei Bildern die Flut von Daten um einiges größer ist als bei Sprache und Musik, sind auch die Anforderungen an die Hard- und Software um einiges größer, was sich nicht zuletzt bei den Preisen wiederspiegelt. So steigen auch sofort die Anforderungen an die Speichermedien bezüglich Kapazität und Geschwindigkeit, siehe auch Kapitel 1.3 „Speicher-Formate für Bild und Ton".

2.7.2 Standbilder für PC-Anwendungen ab Video

Für die Einblendung von Video- oder Fernsehbildern auf dem PC Monitor und das „Einfrieren" eines gewünschten Bildes einer Videosequenz für die weitere Nutzung in PC-Applikationen, sind die sogenannten Video-Overlay- und Frame-Grabber Karten notwendig. Video-Overlay Karten sind Produkte, mit denen ein Live-Video einer Videokamera, eines Videorecorders oder Fernsehempfängers auf dem PC-Monitor dargestellt werden kann. Frame-Grabber Karten können das eingespeiste Videosignal „einfrieren", d.h. digitalisieren. Das digitalisierte Bild kann auf Diskette oder Festplatte gespeichert und für diverse Applikationen weiterverwendet werden. Entsprechende Software für diese Aufnahmefunktionen wird mit der Frame-Grabber Karte mitgeliefert (Abb. 2.14). Für die Speicherung der digitalisierten Bilder stehen in der Regel diverse Formate zur Verfügung (BMP/TIFF/Targa/MMotion/PCX/JPEG/GIF usw.).

Die Bezeichnung der Karten ist nicht bei jedem Hersteller einheitlich. Meist sind beide oben beschriebenen Möglichkeiten gegeben, obwohl die Karte nur die eine oder andere Bezeichnung trägt. Es ist aber sehr wichtig, sich vor dem Kauf über die Eigenschaften genau zu orientieren. Anstelle von Video-Overlay wird auch die Bezeichnung Graphics-Overlay und anstelle von Frame-Grabber die Bezeichnung Video-Capture bzw. Video-Digitizer verwendet.

Oft stolpert man auch über die Bezeichnung „Video-Board". Dies ist eine Bildschirm-Kontroller-Karte, die nichts mit Video-Overlay- oder Frame-Grabber Eigenschaften zu tun hat. Allerdings sind Bildschirm-Kontroller-Karten erhältlich, die noch Zusatzeigenschaften integriert haben. So gibt es Kontroller, die eine Soundkarte mitintegriert haben, somit erübrigt sich die Anschaffung einer separaten Soundkarte. Weiter sind Bildschirm-Kontroller erhältlich, welche Video-Overlay und Frame-Grabber Eigenschaften mitintegriert haben, z.B. *miroMOVIE*.

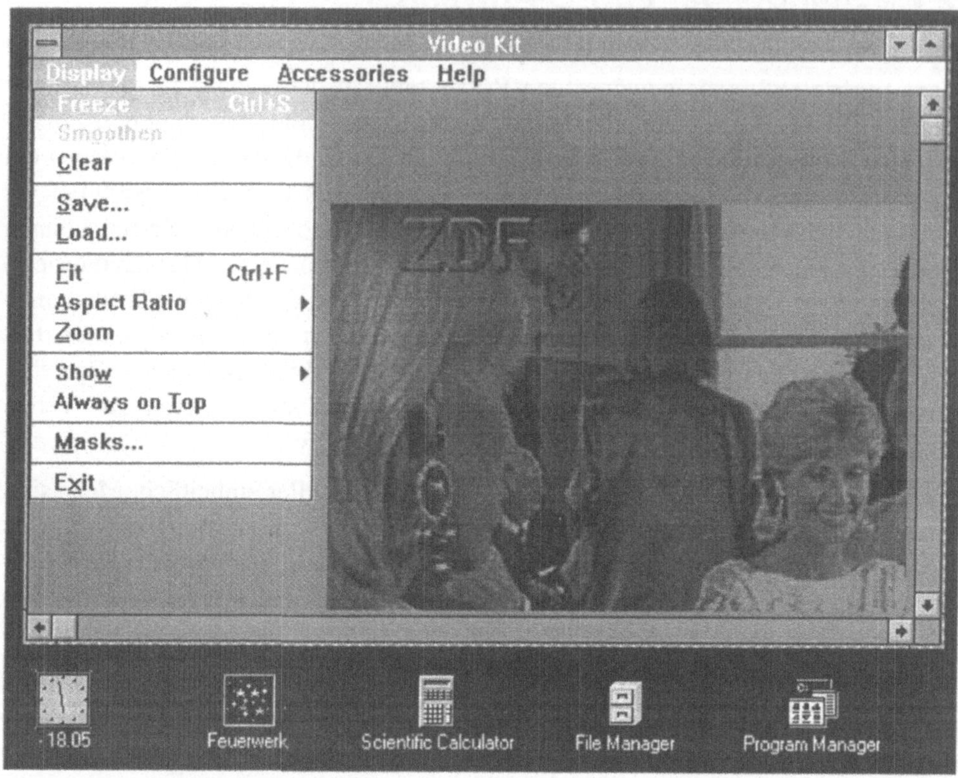

Abb. 2.14: Software zum „Einfrieren" von Video-Bildern (Quelle: VideoBlaster)

Die meisten Video-Overlay oder Frame-Grabber Karten haben einen Audio-Verstärker integriert, der über die Software angesteuert werden kann (Abb. 2.15). Üblich sind 1 bis 3 Eingänge und 1 Lautsprecher Ausgang. Die Eingänge sind beliebig mischbar. Bei diesem Audioteil wird das Tonsignal bloß vom Eingang über den regelbaren Verstärker wieder zu Lautsprecher geführt. Die Karten verfügen also nicht über Eigenschaften einer Soundkarte, die Tonsignale digitalisiert und vice versa wieder in Tonsignale wandeln kann. Also mit einer Video-Overlay oder Frame-Grabber Karte kann keineswegs die Soundkarte ersetzt werden. Es steht zu erwarten, daß in Zukunft kombinierte Karten erhältlich sein werden.

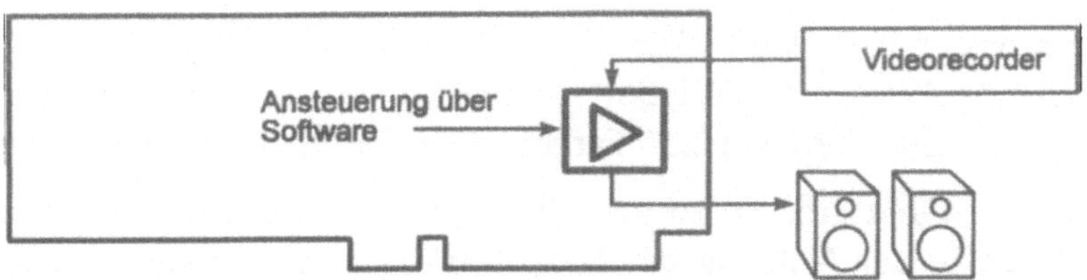

Abb. 2.15: Integrierter Audio-Verstärker bei Frame-Grabber Karten

Wie funktioniert nun die Video-Overlay-Technik? Eine normale Bildschirm-Kontroller-Karte wäre viel zu langsam, um ein Video-Signal in Echtzeit und dazu noch in Truecolor (24 Bit entspricht 16,7 Mio Farben) auf dem Monitor darzustellen. Der Trick sieht folgendermaßen aus: Das Signal der Bildschirm-Kontroller-Karte wird zur Video-Overlay-Karte geschlauft. Dort wird ein Fenster ausgeschnitten, in welches das Videobild hineinprojiziert wird. Das zusammengesetzte Gesamtbild wird schlussendlich zum Monitor geschickt (Abb. 2.16).

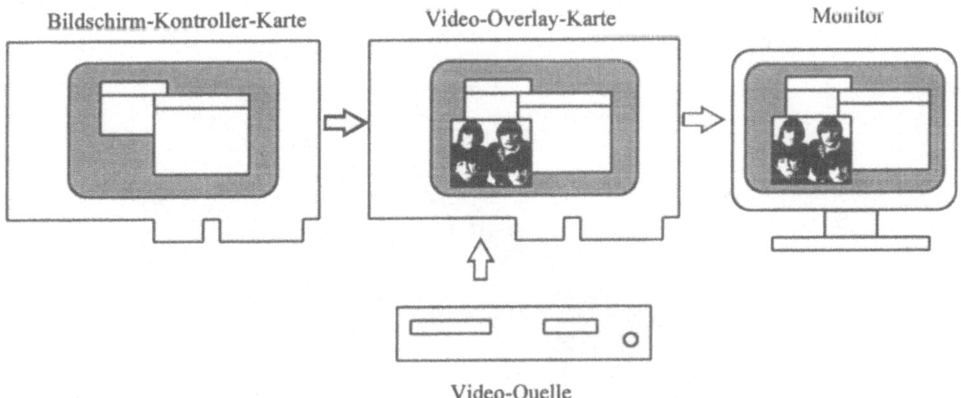

Abb. 2.16: Funktion der Video-Overlay-Technik

Durch diese Beschaltung erscheint das live Videobild in jedem Falle in Truecolor, das heißt mit 16,7 Mio Farben, auch wenn der Bildschirm-Kontroller (Grafik-Karte) nicht auf eine Farbtiefe von 24 Bit eingestellt ist. Dies macht sich dann erst bemerkbar, wenn ein Bild aus dem Video eingefroren, digitalisiert und in ein Dokument eingefügt wird. Dann erscheinen die Farben nicht mehr richtig, da dieses Bild nun vom Bildschirm-Kontroller aufbereitet wird. Doch keine Angst, auf dem Ausdruck mit entsprechendem Farbdrucker sind die natürlichen Farben wieder da. Ist aber die Applikation dergestalt, daß der Endanwender am Bildschirm arbeitet, so muß unbedingt darauf geachtet werden, daß Kontroller und Monitor mindestens 32'768 Farben (15 Bit Farbtiefe) darstellen können, oder noch besser 16,7 Mio Farben (24 Bit Farbtiefe). Achten Sie darauf, daß der entsprechende Treiber für Windows erhältlich ist. Je nach Anwendung kann natürlich die Darstellung von 256 Farben (8 Bit Farbtiefe) bereits ausreichen.

Wie schon erwähnt gibt es bei den Video-Overlay und Frame-Grabber Karten Unterschiede in der Nutzung der Bildschirm-Kontroller-Karten. Gewisse Hersteller bieten auf der gleichen Karte den Bildschirm-Kontroller, die Video-Overlay- und die Frame-Grabber Eigenschaften an, was die Bildqualität ohne Zweifel positiv beeinflußt, da alle Komponenten optimal aufeinander abgestimmt sind und auch das Handling bei der Installation durch die Integration problemlos ist. Andere Hersteller haben ihre Video-Overlay- oder Frame-Grabber Karte so konzipiert, daß sie den in jedem PC bereits vorhandenen Bildschirm-Kontroller nutzen. Die beiden letzteren Karten werden mit dem Feature-Connector-Kabel und einem Loop-Through-Kabel miteinander verbunden, wie das die Anschluss-Skizze von Video Blaster zeigt (Abb. 2.17).

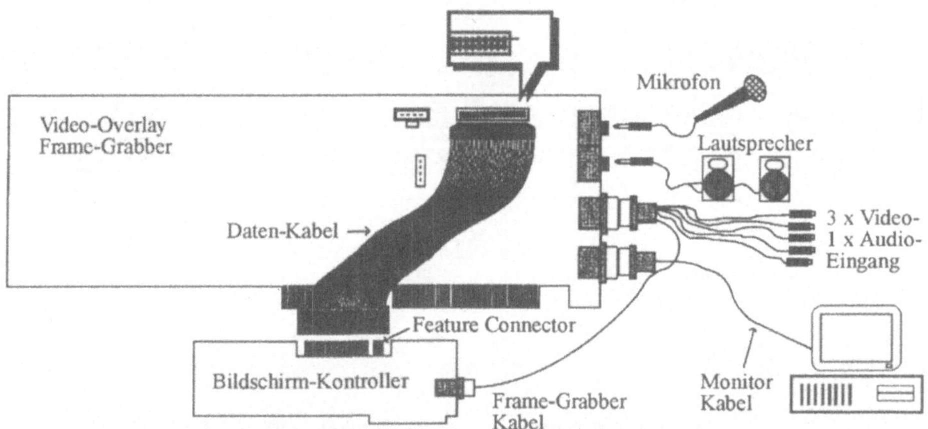

Abb. 2.17: Verbindung Video-Overlay Karte mit Bildschirm-Kontroller

Diese Art von Video-Overlay- oder Frame-Grabber Karte verlangt also in den meisten Fällen eine Bildschirm-Kontroller-Karte, die einen Feature Connector besitzt. Klären Sie also vor dem Kauf ab, ob Ihr eingebauter VGA-Bildschirm-Kontroller diesen Anschluss-Stecker besitzt, was in dem Handbuch der Karte ersichtlich sein sollte. Die Erfahrung hat zudem gezeigt, daß die „Heirat" der beiden Karten nicht in jedem Fall unproblematisch ist. Je nach gewählter Auflösung des Monitorbildes können leichte Bildstörungen auftreten (Schnee), die aufs Erste kaum wahrgenommen werden, auf längere Zeit aber die Augen sehr ermüden. Ein Austausch der Bildschirm-Kontroller-Karte kann dieses Problem lösen; handeln Sie mit dem Lieferanten der Video-Overlay Karte entsprechende Möglichkeiten aus, oder führen Sie vor dem Kauf einen Test durch.

2.7.3 Digitalisierte bewegte Bilder für PC-Anwendungen

Ein Sprichwort sagt, „ein Bild sagt mehr als tausend Worte". Folglich müssen ein paar Sekunden Video auch mehr als tausend Bilder sagen. Einige Hersteller bieten, mit ihren Frame-Grabber-Karten, die Möglichkeit Video-Sequenzen zu digitalisieren, abzuspeichern und wieder abspielen zu können. Kurz gesagt, Ihr Personal Computer wird zum digitalen Video-Recorder für Aufnahme und Wiedergabe.

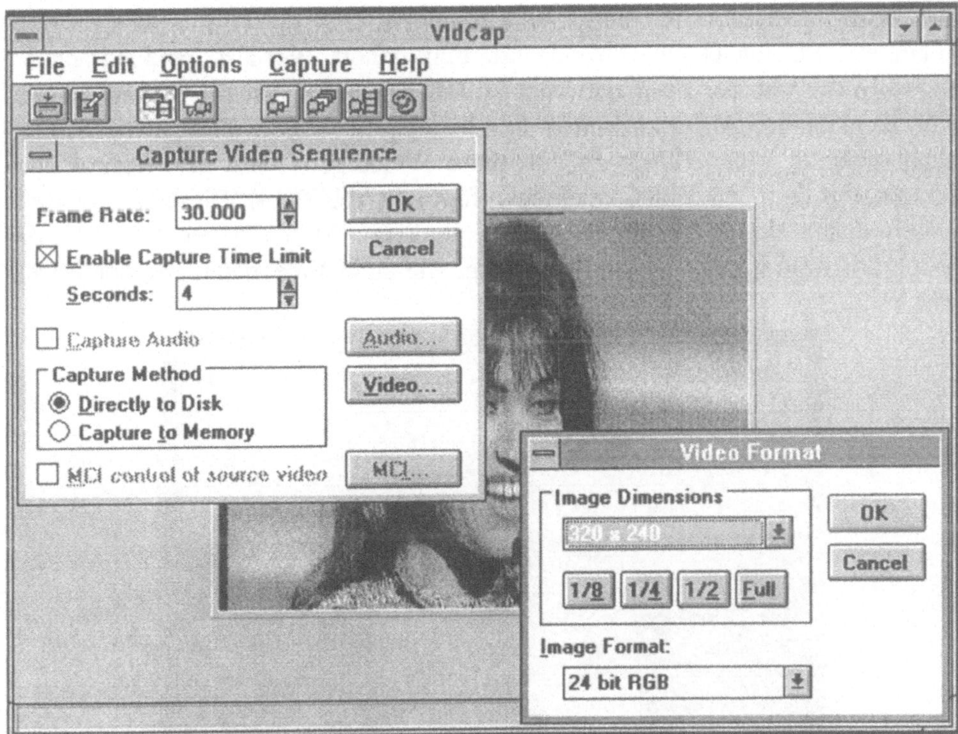

Abb. 2.18: VidCap, Software für die Aufnahme von Video-Sequenzen

Eine mögliche Software für die Handhabung von Videos ist das Paket „Video for Windows" oder kurz MS-Video von Microsoft. Mit MS-Video ist es möglich, digitalisierte Video-Sequenzen komprimiert auf die Festplatte zu speichern oder in der umgekehrten Richtung Videos ab CD-ROM oder Festplatte zu lesen und abzuspielen. Für die Aufnahme ist natürlich auch hier eine Frame-Grabber-

Karte nötig, wie z.B. Videoblaster, Screen Machine, miroMovie usw. Das Video Signal liefert ein Videorecorder, ein Fernsehtuner oder eine Video-Kamera. Die laufenden Bilder werden mit dem Programm VidCap eingefangen (Abb. 2.18). Nach der Digitalisierung mit Hilfe des Frame-Grabbers, komprimiert MS-Video die Bilder und paßt die Datenrate so an die Leistungsfähigkeit des Rechners an. MS-Video benötigt für diese Konvertierung keine spezielle Hardware, sondern nutzt den PC-eigenen Prozessor. Die Daten werden im Audio Video Interleaved (AVI) Daten-Format abgespeichert. AVI Dateien, die Audio- und Videoinformationen beinhalten, können von allen Windows kompatiblen Programmen und Hardware-Komponenten manipuliert werden.

Für die Wiedergabe von Videos, mit dem Programm MS-Video, ist keine spezielle Hardware erforderlich, außer einer Soundkarte für die Tonausgabe, die aber in einem MPC sowieso zur Grundausstattung gehört. Wer also ganz einfach bewegte Bilder von der Festplatte oder ab CD-ROM auf den Bildschirm bringen will, kann das mit MS-Video auf jedem beliebigen Windows Rechner tun, auch ohne spezielle Video-Hardware. Für diese Wiedergabe wird der Media-Player benutzt, der dem MS-Video Paket beigefügt ist (Abb. 2.19). Dieses Abspielprogramm ersetzt den in Windows bereits enthaltenen Media-Player. Mit Hilfe der neuen Software können sowohl Tondaten, wie auch Videodaten abgespielt werden.

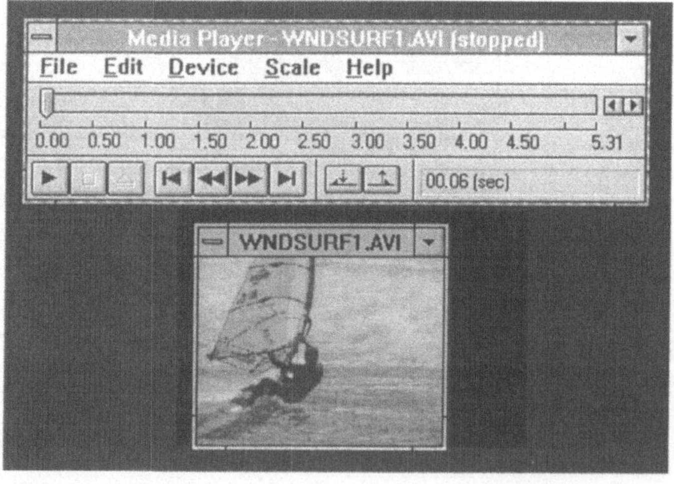

Abb. 2.19: Media-Player von MS-Video

MS-Video arbeitet mit allen Peripheriegeräten zusammen, die mit Windows Treibern ausgeliefert werden. Dank der OLE-Fähigkeit (Object Linking and Embedding) können die Video-Sequenzen problemlos in die verschiedenen Anwendungen eingebettet werden, die ihrerseits natürlich ebenfalls OLE unterstützen müssen. So kann beispielsweise in ein Dokument, erstellt mit Word for Windows, eine Video-Sequenz eingebunden werden (Abb. 2.20). Das erste Bild des Videos erscheint in dem Rahmen, den man im Dokument plaziert. Mit einem Doppel-Klick auf das Bild kann die Videosequenz gestartet werden, die nach Beendigung wieder „zurückgespult" wird, so daß das erste Bild wieder in dem Dokument erscheint.

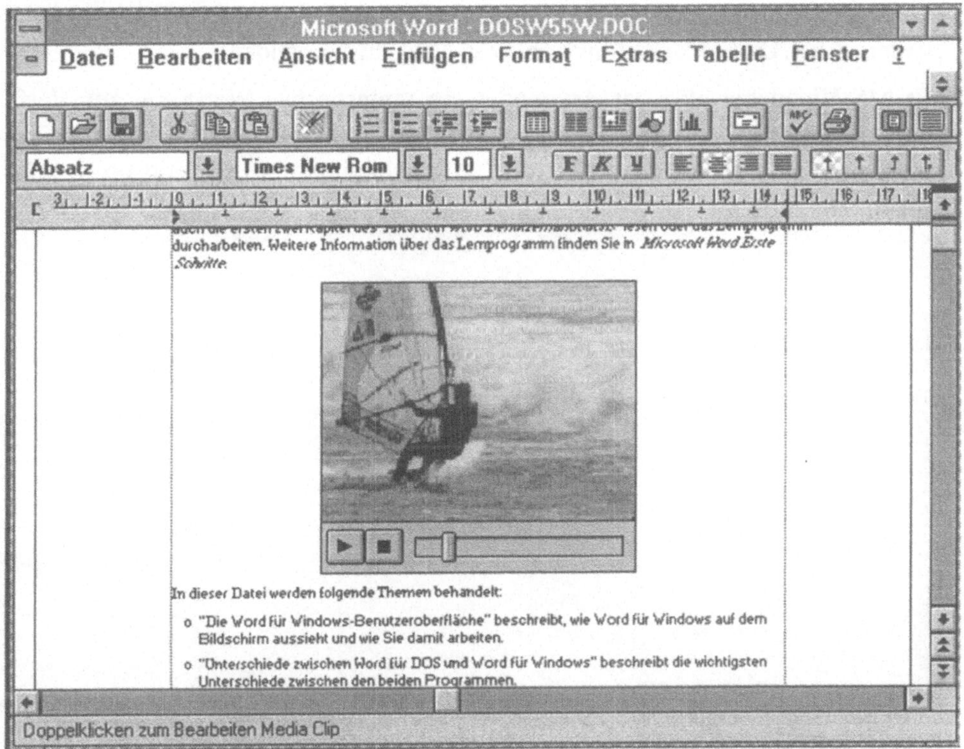

Abb. 2.20: Einbinden einer Videosequenz in ein MS WORD Dokument

Zusätzlich zu den Aufnahme- und Abspielmöglichkeiten bietet MS-Video die Gelegenheit, die Videosequenzen zu manipulieren. Die Funktion mit der Bezeichnung „VidEdit" läßt es zu, jedes Einzelbild aus der Sequenz zu editieren (Abb. 2.21). Die einzelnen Bilder können somit verfremdet werden, sei das durch Zufügen von Text oder anderen Bildelementen oder durch Herauslösen verschiedener Bildpartien. Weiter können aus der Videosequenz auch ganze einzelne Bilder herausgeschnitten oder auch zugefügt werden. Die Bilder werden allgemein als „Frames" bezeichnet.

Möchte man beispielsweise eine Skizze, die man mittels Grafik-Programm erstellt hat, in die Videosequenz einbinden, so stellt man vorerst den Positionszeiger an die Stelle, wo die Grafik eingefügt werden soll. Die Grafik kann nun über die Zwischenablage vom Grafik-Programm zum VidEdit-Programm, respektive in die Videosequenz, transferiert werden. Damit die Grafik bei ablaufender Sequenz, bei 15 oder mehr Bildern pro Sekunde, auch wirklich sichtbar wird, muß sie natürlich etliche Male kopiert werden. Soll sie also bei 15 Bildern pro Sekunde während fünf Sekunden sichtbar sein, so muß sie 5 x 15 = 75 mal kopiert werden. Auch diese Kopierfunktion ist in VidEdit vorhanden.

Mit MS-Video hat also der Anwender ein fantastisches Werkzeug zur Verfügung, das Multimedia noch interessanter werden läßt. Die Zukunft wird auf diesem Gebiet sicherlich noch einiges an Möglichkeiten und Komfort an den Tag bringen.

Abb. 2.21: Editierfunktion für Videosequenzen aus dem Paket MS-Video

Nicht vergessen sollte man, daß die Bearbeitung von Videos einen üppig ausgestatteten PC voraussetzt. Für ein Vollbild-Video mit 30 Bildwechseln pro Sekunde bei 16,7 Mio Farben ist mindestens ein 486er PC nötig. Auch Speicherkapazität sollte in Fülle vorhanden sein. Ein Megabyte reicht gerade für ein bis fünf Sekunden Video, d.h. mindestens 50 bis 80 MByte sollten frei zur Verfügung stehen, für Video Aufnahmen und Manipulationen.

2.7.4 Die Video-Signalquellen

Für den Heim- oder Hobbybereich sind Video8 oder VHS Quellen durchaus genügend. Für den professionellen Anwender hingegen ist die Qualität meist ungenügend, da eine leichte Unschärfe bei den genannten Quellen auftritt. Für solche Anwendungen empfiehlt sich eine S-VHS oder Hi8-Quelle einzusetzen. Deshalb ist beim Kauf einer Video-Overlay oder Frame-Grabber Karte darauf zu achten, daß ein entsprechender Anschluß vorhanden ist. Weiter ist zur Signalquelle zu sagen, daß sie mit Vorteil über eine gute Einzelbildkontrolle verfügt, da die Suche nach dem besten Bild für die Digitalisierung dadurch wesentlich vereinfacht wird. Denn die Auswahl bei laufendem Video ist zu vergleichen mit einem Geschicklichkeits-Spiel, bei dem die Reaktionszeit einem dauernd ein Schnippchen schlägt.

2.7.5 Kleinbildkamera (35 mm), Dia-Scanner, Photo-CD

Die Fotoaufnahmen können nach der herkömmlichen Methode mit einer handelsüblichen Kleinbildkamera (35 mm) erstellt werden. Die besten Bilder wählt man aus und geht mit dem Negativstreifen zum Fotohändler, genau wie wenn man mehr Abzüge herstellen lassen möchte. Der Händler gibt bei Kodak eine CD mit den gewünschten Bildern in Auftrag, und bereits nach ein paar Tagen ist sie abholbereit wieder beim Händler. Bei Kodak oder einem Vertragspartner, werden die Negative mittels hochauflösendem Scanner digitalisiert. Die Bilder haben eine Auflösung von bis zu 2'048 x 3'072 Pixeln (Tabelle 2.4). Diese Daten werden anschließend mit einem Laser in die CD eingebrannt. Die CD kann im Maximum 100 Bilder speichern und kann in mehreren Etappen beschrieben werden. Bei einem folgenden Auftrag bringt man dem Fotohändler die „angefangene" CD also einfach wieder her und läßt sie mit den nächsten Fotos ergänzen. Der Preis pro Foto liegt zur Zeit etwa beim Preis einer Nachkopie auf Papier.

Um die Photo-CD nun zu lesen und die Bilder in ein Dokument einzubinden, braucht es zum einen ein CD-ROM Laufwerk, das die Multisessions-Fähigkeit und den XA-Standard aufweist, und die entsprechende Software, die auf die Bilder zugreifen kann. Kodak bietet dazu eigens die Programme „Photo CD Access" und „Photo Edge" an. Wer jedoch Besitzer von Corel Mosaic, Micrografx Photo Magic oder Picture Publisher ist, hat über diese Programme direkten Zugriff auf die Photo-CD-Bilder im PCD-Format. In der nächsten Zeit werden einige Programmhersteller ihre Programme auf die Nutzung der Photo-CD ausrichten.

Auflösungsgrad	Anzahl Pixel	Zweck
Kontrollbild	128 x 192	Kontrollbilder auf der Photo-CD (Übersicht)
Niedrige Auflösung	256 x 384	Für stark verkleinerte Bilder und niedrigauflösende Drucker
Mittlere Auflösung	512 x768	Für die Bildausgabe auf Drucker mit 300 bis 600 dpi oder Anzeige auf Bildschirm
Hohe Auflösung	1024 x 1536	Für Bildausgabe auf hochauflösenden Druckern und Belichtern zw. 600 und 2048 dpi
Volle Details	2048 x 3072	Für Bildausgabe auf hochauflösenden Belichtern, bis 4096 dpi

Tabelle 2.4: Auflösungen der Photo-CD Bilder

Um vom 35mm-Film schneller zum digitalisierten Bild zu kommen, ist ein persönlicher Dia-Scanner erforderlich, wie ihn die Firma Nikon auch als Einbaumodell für PC- und Mac-Rechner anbietet (Abb. 2.22). Die Vorlage - Diapositiv oder Negativfilm - kann, ähnlich der Handhabung einer Diskette, an der Vorderseite in den Scanner gesteckt werden, wo sie automatisch eingezogen und mit Hilfe der Scansoftware in einem Durchgang digitalisiert wird. Bei einer Auflösung von 2700 Punkten pro Zoll (dpi: dots per inch) sind die Bilder in Echtfarben abtastbar. Der persönliche Dia-Scanner ist ein fantastisches Werkzeug, heute aber gegenüber der Photo-CD für den Durchschnittsanwender noch um einiges zu teuer.

Abb. 2.22: Dia-Scanner (Quelle: Nikon)

Wer noch schneller zum Ziel kommen muß, für den gibt es von Kodak das Professional Digital Camera System (DCS). Eine hochwertige NIKON Kleinbildkamera F3 bildet die Optische Seite des Camera Systems, das durch zusätzliche Hard- und Software von Kodak ergänzt wird (Abb. 2.23).

Abb. 2.23: KODAK Professional Digital Camera System (DCS)

Das KODAK DCS System besteht im wesentlichen aus drei Komponenten: dem Rückteil, das anstelle der normalen Rückwand an die Kamera montiert wird und das es sowohl für Farb- als auch für Schwarzweiss-Aufnahmen gibt, einem Kamerawinder und einer digitalen Speichereinheit. Das System arbeitet mit einem Bildsensor mit einer Auflösung bis zu 1280 x 1024 Bildpunkten. Die Empfindlichkeit läßt sich im Bereich von ISO 200/24, 400/27, 800/30, 1600/33 und 3200/36 regulieren.

Die Bilddaten lassen sich in der digitalen Speichereinheit in einem JPEG-kompatiblen Verfahren komprimieren und mit einem MODEM per Telefonleitung entweder direkt aus der Speichereinheit oder mit Hilfe eines Computers versenden (Abb. 2.24).

Spezielle Software von Kodak erlaubt die direkte Bearbeitung der Bilddaten in Adobe Photoshop, einer Standardsoftware für die grafische Bildbearbeitung. Die direkte Übernahme in Aldus PhotoStyler ist ebenfalls möglich.

Mit diesem Professional Digital Camera System können Bildjournalisten also überall auf der Welt sehr hochwertige Bilder in digitaler Form aufnehmen, sofort beurteilen und übertragen. Die in digitaler Form vorliegenden Bilder können per Farbthermotransferdrucker im Presseformat ausgedruckt werden und lassen sich jederzeit in elektronische Layout- und Druckvorstufensysteme integrieren. Alle Objektive und Zubehörteile der NIKON Kamera F3 können selbstverständlich genutzt werden. Leider wird es noch Jahre, wenn nicht Jahrzehnte dauern, bis sich auch der kleine Mann ein solches System leisten kann. Der sehr hohe Preis (ungefähr DM 40'000.-) läßt nur einen wirklich professionellen Einsatz dieses Systems zu. Zum heutigen Zeitpunkt jedoch ist dieser Preis für diese Leistung sicherlich gerechtfertigt.

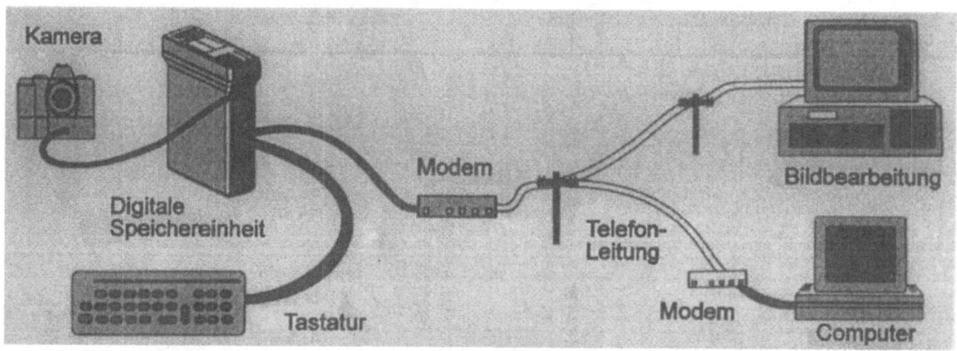

Abb. 2.24: Schematische Darstellung des Digital Camera Systems von KODAK

2.7.6 Still-Video-Kamera

Still-Video-Kameras sind Fotoapparate, die einer herkömmlichen Kamera ähnlich sind. Anstelle des Filmes rotiert aber eine kleine Floppy-Diskette mit einem Durchmesser von 2 Zoll (etwa 5 cm) in dem Gehäuse (Abb. 2.25). Die Bilder werden in analoger Form auf die Diskette gespeichert, wie bei einer Video-Kamera, die bis 50 Bilder aufnehmen kann.

Abb. 2.25: Still-Video Disk (Quelle: SONY)

Manche Kameras erlauben eine Aufnahmegeschwindigkeit bis zu 10 Bildern pro Sekunde, was unter Umständen bereits für kurze Film-Sequenzen ausreichen kann. Still-Video-Kameras werden überall dort eingesetzt, wo man auch mit einer konventionellen Kamera fotografieren würde, sofern man die Bilder anschließend auf elektronischem Wege weiterverarbeiten muß. Die Lichtempfindlichkeit der Kameras kann mit der Lichtempfindlichkeit von Filmmaterial verglichen werden. So hat beispielsweise die Kamera RC-250 von Canon eine Empfindlichkeit von ISO 100 und der Fotoman von Logitech ein Equivalent von ISO 200.

Die mit Aufnahmen bespickte Diskette kann anschließend mit einem Still-Video-Player abgespielt und die Bilder am Fernseher betrachtet werden. Will man die Bilder auf einem Computer verwenden, so kann das Abspielgerät an einer Frame-Grabber oder Video-Capture Karte angeschlossen werden. Über diese Karte wird das Bild digitalisiert, genauso wie bei bewegten Bildern ab Video-Recorder oder Video-Kamera.

Ein großer Nachteil bildet einzig das Endresultat der Aufnahme. Da es ein konventionelles Video-Bild mit 525 oder 625 Zeilen ist, läßt die Auflösung für qualitativ hochstehende Anwendungen natürlich zu wünschen übrig. Hochwertigere Bilder können besser über das Photo-CD System von Kodak erzeugt werden.

2.7.7 Scanner

Fotografien, Illustrationen, Skizzen und Text, mit anderen Worten alles, was auf Papier steht, kann mit Scannern abgetastet, digitalisiert und in Dokumente der elektronischen Textverarbeitung eingebunden werden. Handscanner (Abb. 2.26) bieten dazu eine kostengünstige Lösung, selbst auch um farbige Vorlagen zu erfassen. Die Abtastbreite von etwa 10 cm kann jedoch ab und zu ein Handikap werden, trotz Software, die das Zusammenfügen von in Streifen abgetasteten Vorlagen erledigt (Auto Stitch). Das Design von Handscannern mag zwar für das Auge schön sein, jedoch wurde dem praktischen Nutzen zuwenig Beachtung geschenkt. Will man eine Vorlage möglichst ohne Verzerrungen einlesen, so führt man den Handscanner am besten an einer Kante entlang. Doch gerade dies läßt die Form des Scanners, ohne vorherige Abänderungen durch den Hobbybastler, nicht zu. Aber wer weiß, vielleicht fällt den Herstellern früher oder später doch noch etwas praktisches ein.

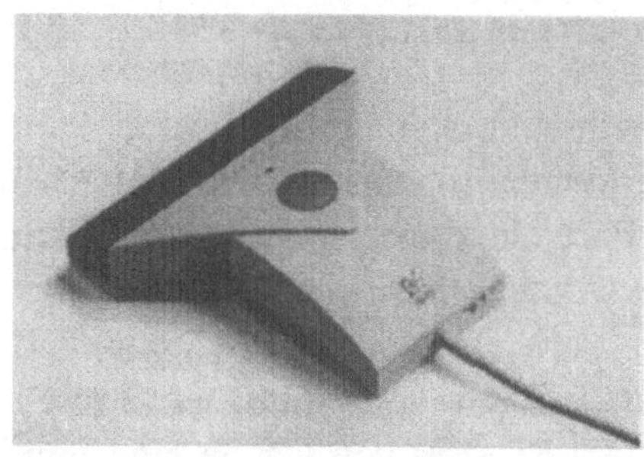

Abb. 2.26: Handscanner (Quelle: Logitech)

Professioneller läßt sich mit Flachbettscannern arbeiten, deren Aufnahmefläche von A4 bis A3 reicht. Flachbettscanner sind ideal für die Digitalisierung von Manuskripten mit Fotos oder für Auszüge aus Büchern, da man wie beim Kopierautomaten die Vorlage verrutschfest auf die Scheibe legen kann. Eine Mechanik im Innern des Scanners bewegt die Aufnahmesensorik unter der Vorlage durch. Von außen gesehen gibt es bei dem Flachbettscanner somit keine beweglichen Teile, so daß um den Scanner auch keine Freiräume nötig sind. Alle diese Eigenschaften müssen jedoch für teures Geld erstanden werden, vor allem wenn dann noch die Farben ins Spiel kommen sollen.

Eine wahre Alternative zum Flachbettscanner kann ein Durchlaufscanner sein (Abb. 2.27), wie wir ihn auch von den Fax-Geräten kennen. Es können zwar keine Auszüge aus Büchern gemacht werden, doch „schluckt" diese Art Scanner auch zusammengeschnittene und geleimte Vorlagen. Preislich liegen sie zwischen den Handscannern und den Flachbettscannern.

Vor der Anschaffung muß genau abgeklärt werden, für welchen Zweck der Scanner im Einsatz stehen wird. Für die Erfassung von Fotos, Paßfotos und kleineren Illustrationen ist ein Handscanner mit Farbmöglichkeiten wohl das ideale Gerät, selbst auch für professionelle Anwendungen. Müssen jedoch größere Mengen von A4 Seiten pro Tag eingelesen werden, z.B. für die anschließende Texterkennung, so ist ein Flachbettscanner zweifellos schnell amortisiert.

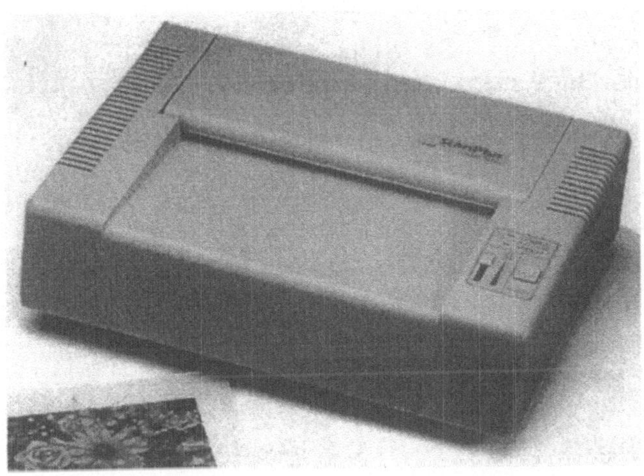

Abb. 2.27: Durchlaufscanner (Quelle: TERRA)

Scanner tasten die Vorlage Punkt für Punkt ab und man erhält somit ein Punkt-
muster, egal ob es sich um eine Fotografie, eine Skizze oder um Text handelt.
Die meisten Scanner-Programme lassen für das Abspeichern des abgetasteten
Bildes verschiedene Formate zu, wie TIFF, PCX, PIC, BMP, IMG usw. Diese
Daten können anschließend über entsprechende Programme bearbeitet werden.
Abgetasteter Text kann beispielsweise einem Texterkennungsprogramm zugespielt werden, das aus dem Punktmuster ASCII-Zeichen generiert, also Text der
wiederum in einem Textprogramm verarbeitet werden kann. Fotografien, Skizzen und dergleichen können in einem Bildbearbeitungs- oder Malprogramm, wie
z.B. FotoTouch, COREL PHOTO PAINT editiert und ergänzt werden.

Die Qualität der abgetasteten Bilder hängt schließlich von der Auflösung in
Punkten pro Zoll (dpi) ab und bei Farbscannern zusätzlich noch von der Anzahl
Farben, die das Gerät verarbeiten kann; nicht zuletzt natürlich auch von der
Qualität der Vorlage. Bei Scannern muß man sich ein effektives Vorgehen an-
trainieren, zudem braucht es eine Portion Erfahrung, um die besten Einstellungen für eine Aufnahme zu treffen. Bei der Wahl der Auflösung sollte man sich
zu Beginn überlegen, in welcher Güte das Bild für die Weiterverarbeitung über

haupt gebraucht wird. Je mehr Bildpunkte (Pixels oder dots per inch, dpi) für die Aufnahme gewählt werden, umso mehr Speicherplatz benötigt sie. Weiter sollte die Vorlage, wo nötig, bereits vor der Aufnahme genau ausgerichtet werden, damit eine zeitaufwendige Nachkorrektur entfällt. Mit der Helligkeit und dem Kontrast muß man wahrscheinlich bei jeder neuen Vorlage ein wenig experimentieren und mehrere Schnappschüsse erstellen, die untereinander verglichen werden können. Die beste Aufnahme kann man anschließend übernehmen. Die gewählten Aufnahmeparameter wie Helligkeit, Kontrast, Auflösung usw. schreibt man sich am besten sofort auf, damit die nächste Aufnahme mit ähnlicher Vorlage bereits auf Anhieb gelingt.

2.7.8 Neuerstellung von Skizzen

Bilder oder Skizzen können nicht immer abgelichtet oder irgendwoher kopiert werden, sondern müssen eben auch mal neu erstellt werden. Für diese Aufgabe sind einfache bis sehr komfortable Programme auf dem Markt erhältlich (Paint Brush, Corel Draw usw.). Für technische Zeichnungen sind CAD-Programme die geeignetsten Werkzeuge.

Grundsätzlich sind zwei sich wesentlich unterscheidende Arten von Zeichnungen machbar, nämlich die Bitmaps und die vektoriellen Grafiken. Bitmaps erstellt man mit den sogenannten Malprogrammen (z.B. Paintbrush), dabei kann jeder Bildpunkt einzeln manipuliert und eingefärbt werden. Bitmaps können nicht frei skaliert werden, das heißt bei Verkleinerungen entstehen Datenverluste, bei Vergrößerungen entstehen störende Stufeneffekte. Um vektorielle Grafiken zu erstellen sind entsprechende Programme erhältlich (z.B. COREL DRAW). Linien, Kreise usw. werden vektoriell gespeichert, das heißt es werden nur die Koordinaten und die Art des Elementes abgelegt. Somit können die Elemente auch jederzeit frei skaliert werden, ohne Datenverluste (Abb. 2.28).

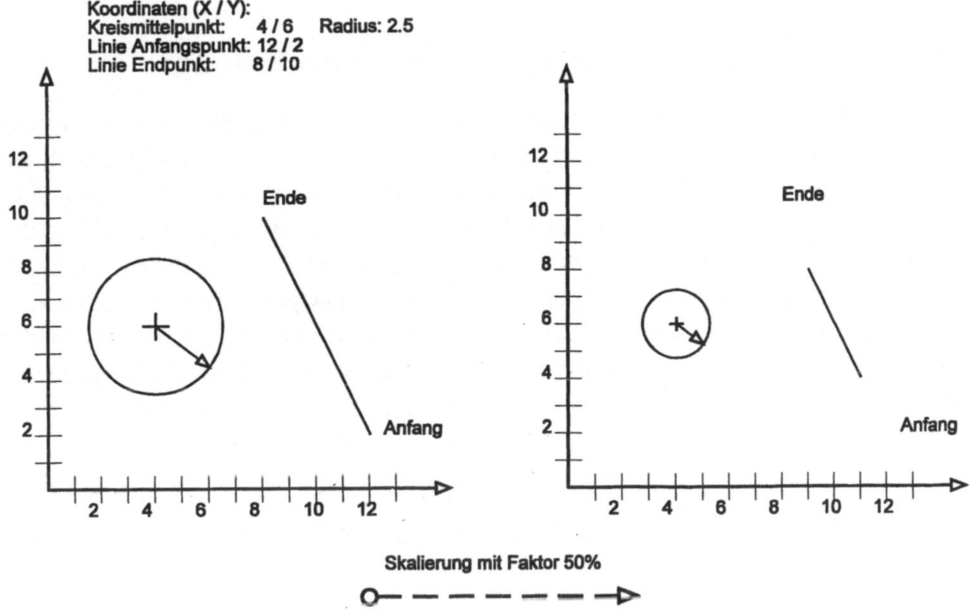

Abb. 2.28: Vektorielle Speicherung von Grafiken

Grafik Programme können in der Regel auch problemlos aus der vektoriellen Grafik eine Bitmap Grafik erstellen. Dabei kann man wieder unter den verschiedensten Bitmap-Formaten auswählen, BMP, TIFF usw. Aber versäumen Sie es niemals, auch von der vektoriellen Grafik eine Sicherheitskopie anzufertigen, da nachträgliche Änderungen in der Bitmap Grafik nicht mehr so einfach sind.

In der anderen Richtung sind aber Grafikprogramme oft auch in der Lage aus einer Bitmap-Grafik eine vektorielle Grafik erzeugen zu können (z.B. COREL TRACE). Doch ist dieser Schritt nicht sehr einfach und mit überdurchschnittlich viel Nacharbeit verbunden, es ist nicht in jedem Falle empfehlenswert. So kann es durchaus sein, daß eine Gerade als eine Stufe mit zwanzig oder mehr Einzellinien interpretiert wird. Daraus ist klar ersichtlich was Nachbearbeiten in diesem Falle heißt.

2.7.9 Darstellung des Monitorbildes auf dem Fernseher

Eine weitere Art von PC-Karten sind die sogenannten Video-Output-Boards. Dies sind Karten, die das Monitorbild des PCs an einen Fernseher oder Videorecorder ausgeben können. Das ermöglicht unter anderem das Betiteln oder Verfremden von Videos oder auch einfach die Ausgabe des Monitorbildes auf den Fernseher, rein für die Betrachtung.

2.7.10 Das Video-Studio auf dem Schreibtisch

Eine etwas andere Art der Nutzung des Multimedia-PCs bieten Studio-Einrichtungen für die Herstellung von Videofilmen, wie sie von FAST Electronic mit der Video Machine angeboten wird. Das Endprodukt ist also nicht ein Dokument oder eine Applikation, ablaufend auf dem PC, sondern ein Videofilm, der auf einen konventionellen Videorecorder zurückgespeist wird. Die Videoherstellung für Industriefilme war bisher nur größeren Unternehmen vorbehalten, kostet doch die Filmminute bis zu 5000 DM. Das ändert sich schlagartig mit der Anwendung von Desktop-Video, das Video-Studio im PC, auf dem Schreibtisch.

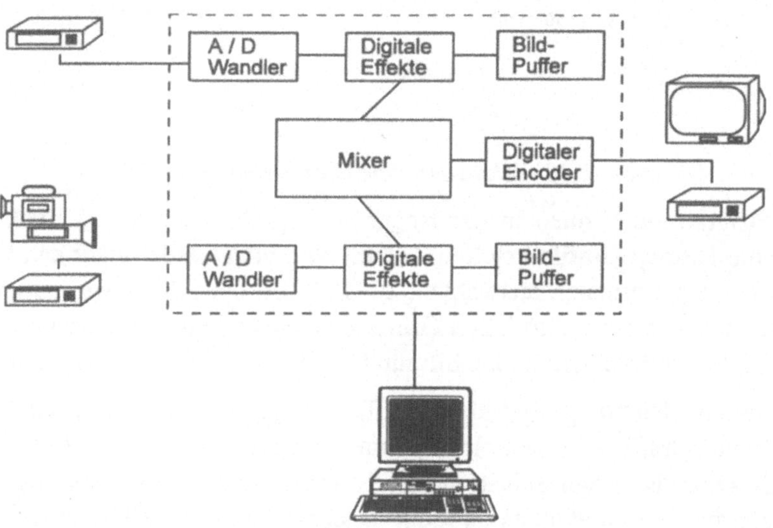

Abb. 2.29: Funktionsweise des Video Studios von FAST Electronic

In Unternehmen kann die Videonachbearbeitung zum größten Teil in die Hand der Abteilungen gelegt werden, welche später auch das Band nutzen werden. Semiprofessionelle Videomacher haben ein Werkzeug, das sie ein erhebliches Stück näher zum Profi rückt. Ähnlich wie beim Desktop-Publishing macht allein das Werkzeug aber noch lange keinen Schriftsetzer, so sollte man auch beim Desktop-Video den Rat vom Videoexperten nicht abschlagen. Kein Kunde wird sich ein laienhaftes, unzumutbares Präsentationsvideo zu Gemüte führen wollen, wenn er sich an professionell aufgemachte Filme gewohnt hat. Beherrscht man

Desktop-Video den Rat vom Videoexperten nicht abschlagen. Kein Kunde wird sich ein laienhaftes, unzumutbares Präsentationsvideo zu Gemüte führen wollen, wenn er sich an professionell aufgemachte Filme gewohnt hat. Beherrscht man die Materie aber einigermaßen, so ist man doch vom professionellen Videomacher nicht mehr so abhängig und kann schnell und flexibel Präsentationsvideos produzieren. Selbst Unternehmen ohne eigenes Studio werden von Desktop-Video profitieren, mit Video Machine von FAST Electronic belaufen sich die Kosten für einen Video-Nachbearbeitungsplatz, inklusive Computer, auf 12'000 bis 20'000 DM (Abb. 2.29).

Das Video Studio ermöglicht es, zwei eingespeiste Videoquellen direkt am Computer zu bearbeiten. Die digitalisierten Bilder können gemischt, geschnitten oder anderweitig effektvoll gestaltet werden. Das Produkt wird über den Encoder wieder in ein analoges Signal gewandelt und kann auf einen dritten Videorecorder aufgenommen werden.

2.8 Was kann die Software

2.8.1 Media Control Interface

MCI ist die Abkürzung für Media Control Interface und ist eine Standard-Schnittstelle für Multimedia-Geräte und -Dateien. MCI ermöglicht es einem Multimedia-Anwendungsprogramm (z.B. Autorensystem), verschiedene Multimedia-Geräte und -Dateien anzusteuern. MCI unterscheidet insgesamt 10 verschiedene Multimedia-Geräte, die in Tabelle 2.5 aufgeführt sind.

Multimedia-Gerät	MCI-Gerätenamen
CD-Spieler	cdaudio
Digitaler Audio-Recorder	dat
Digitales Video	digitalvideo
Multimedia Movie Player	movie
Video Overlay Board	overlay
Scanner	scanner
MIDI Sequencer	sequencer
Videorecorder	vcr
Bildplattenspieler	videodisc
Karte für digitales Audio	waveaudio

Tabelle 2.5: MCI Geräte

Abbildung 2.30 zeigt schematisch das Zusammenspiel der verschiedenen Multimedia-Komponenten über MCI. Die Aufrufe werden von der Applikation an den MCI-Treiber abgesetzt. Er setzt die MCI-Befehle in entsprechende Aufrufe der DLL (Dynamic Link Library) um. MCI ermöglicht das Hardware-unabhängige Programmieren von Multimedia-Applikationen unter Windows. Eine für MCI programmierte Multimedia-Applikation kann prinzipiell jede vergleichbare Hardware ansprechen, die ihrerseits MCI unterstützt. Da die Applikation nicht mehr direkt auf die DLL zugreift, wird das Entwickeln eigener Multimedia-Anwendungen sehr vereinfacht. Mit einer Programmiersprache wie Visual Basic lassen sich Anwendungen schnell und unkompliziert realisieren.

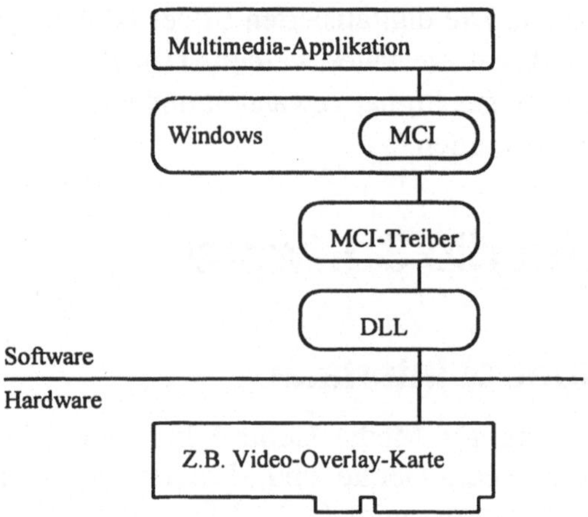

Abb. 2.30: Einbindung des MCI-Treibers

2.8.2 Autorensysteme / Animationsprogramme

Will man multimediale Applikationen erstellen, z.B. Terminals an Messeveranstaltungen für Besucherinformationen, elektronische Einkaufsführer in einem Warenhaus, oder automatische Reservationssysteme eines Theaters, so sind all die faszinierenden Multimedia-Komponenten als Einzelkomponenten nicht sehr effizient. Erst das Zusammenspiel aller Medien und das Aufstellen eines zeitlichen Ablaufs mit Verzweigungsmöglichkeiten (Interaktivität) ergeben die totale Multimedia-Schau. Damit für die Erstellung einer solchen Applikation nicht unzählige, komplizierte Befehle in einen Editor getippt werden müssen, hat man Autorensysteme und Animationsprogramme geschaffen. Sie bieten produkteunabhängige Ansteuerungsverfahren für Multimedia Hardware, sowie umfangreiche Text-, Grafik-, Interaktion- und Animationsfunktionen. Wichtig ist, daß das Autorensystem bereits während der Programmentwicklung die WYSIWYG-

Darstellung zuläßt (<u>W</u>hat <u>Y</u>ou can <u>S</u>ee <u>I</u>s <u>W</u>hat <u>Y</u>ou <u>G</u>et). Gemeint ist damit „was Du siehst am Bildschirm, ist auch was Du schlussendlich bekommst". Es sind Systeme erhältlich, wie beispielsweise den Icon Author von Aim Tech Corp. oder HSC Interactive (beide aus der gleichen Software-Schmiede), die dem Entwickler in Form von Symbolen (Icons) vollständige Programmroutinen zur Verfügung stellen. Es ist also eine grafische Strukturierung des Programmablaufs möglich. In einem Arbeitsfenster werden die Symbole wie in einem Grafik-Editor zu einem Flussdiagramm zusammengesetzt (Abbildung 2.31). Hinter jedem Symbol stecken die eigentlichen Befehle an das System. Es stehen auch Knöpfe und Schaltflächen zur Verfügung, welche wie alle anderen Grafikobjekte behandelt werden können. Ein modernes Autorensystem gestattet natürlich auch den Einbau von Videoscquenzen. Ein Nachteil der symbolorientierten Methode ist, daß die zu erzeugende Oberfläche nicht immer gerade sichtbar ist.

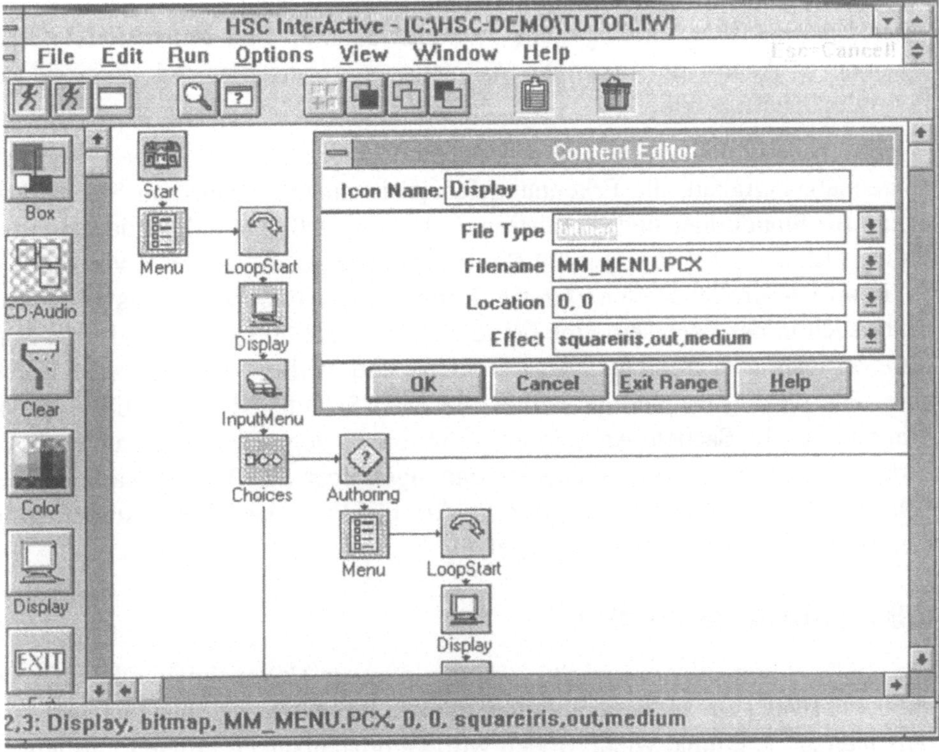

Abb. 2.31: Programmroutinen in Form von Symbolen

Autorensysteme wie ToolBook von Asymetrix Corp. oder das MS Multimedia
Viewer Toolkit von Microsoft vertreten eine andere Denkweise und sind somit
in der Handhabung unterschiedlich. Bei diesen Systemen werden die später ablaufenden Bildschirmseiten direkt editiert, das heißt, wie in einem Malprogramm
sind per Maus objektorientierte Grafiken zu entwerfen, zusammen mit echten
Windows-Knöpfen und Textfeldern. Ein paar Programmzeilen erwecken die Objekte später zum Leben.

Komfortable Systeme enthalten meist auch Programmteile für die Erstellung von
Animationen, so können z.B. mechanische Abläufe wie in einem Film gezeigt
werden, oder Säulendiagramme einer Statistik werden lebendig wenn die sich
dauernd ändernden Säulenhöhen die Trends anzeigen. Ist die Möglichkeit zur
Erstellung von Animationen nicht gegeben, so sind dafür auch sehr leistungsstarke Animationsprogramme erhältlich. Ein Beispiel ist der „Animator Pro" von
Autodesk. Die von AutoCAD oder anderen Quellen erzeugten Bilder können direkt eingelesen, eingefärbt und in Bewegung gesetzt (animiert) werden. Autorensysteme und Animationsprogramme enthalten oft auch voll ausgerüstete 2D-
Zeichenpakete. Eine umfangreiche Auswahl an Mal- und Zeichenwerkzeugen
erlauben es jedermann, originelle Animationen zu erstellen, wie man sie von
Fernsehmachern kennt.

Wichtig bei Autorensystemen und Animationsprogrammen ist, wegen derer Pro-
dukteunabhängigkeit, die Erkennungsfähigkeit einer Vielzahl von Standardfor-
maten für Standbilder und Animationen. Weiter muß eine hohe Bildschirmauf-
lösung (1280 x 1024 Pixel) möglich sein, die wiederum von einer Vielzahl von
Bildschirmkontroller-Karten (Grafik Karten) unterstützt wird. Das Programm
sollte auch in der Lage sein eine breite Galerie von Multimedia Hard- und Software ansteuern zu können, z.B. CD-ROM Laufwerke, Video Overlay Karten
usw. Für diese Ansteuerung wurde die MCI-Schnittstelle geschaffen. Starke
Programme „in Sachen Animation" schaffen es sogar, zeitlich parallel AVI-
Videos, Animationen und Videoeinblendungen über die Overlay-Karte auf den
Schirm zu zaubern. Die wichtigsten Punkte für die Auswahl von Autorensystemen sind in Tabelle 2.6 zusammengefaßt.

2.8.3 Bilddatenbanken

Die Vielzahl von Bildern und Skizzen, die in einem Unternehmen oder auch bereits bei privater Anwendung anfallen, müssen irgendwie geordnet abgelegt sein,
falls man sie je einmal wiederfinden will. Bilddatenbanken bringen Ordnung in
das „Fotoalbum". Jedes Bild kann in Verbindung mit Text und Grafik verwaltet
werden. Die Datenbank eignet sich für Archive und Kataloge. Wichtig für eine

Bilddatenbank sind die Anschlussoptionen. So muß auf das CD-ROM Laufwerk, auf die Photo-CD, auf optische Bildspeicher usw. auch zugegriffen werden können. Auf dem Markt sind spezielle Bilddatenbank-Programme erhältlich, z.B. „Click & View" von Fast Electronic GmbH. Aber auch alle anderen Datenbanken, die Bilder verwalten können, sind für diesen Zweck einsetzbar.

Bereich	Mögliche Funktionen
Oberflächeneditor	Objektgruppen bilden
	OLE Unterstützung für das Einbinden von Objekten
	Ablaufsteuerung über die gewohnten Windows Knöpfe
	Editierbare Textfelder
Grafikeditor	Objektgruppen bilden
	Objekte oder Bildausschnitte drehen/skalieren/schieben
	Zoom
	Bitmap Manipulation
	Umfangreiche Auswahl an Mal- und Zeichenwerkzeuge
Animationseditor	Recorder für die fortlaufende Aufnahme der durchgeführten Schritte. Die Aufnahme kann später wie ein Film ablaufen.
	Geschwindigkeitswahl (Ablaufgeschwindigkeit der Animation)
	Beschleuniger
	MCI-Kommandos
	Farben und Muster für Füllungen
	Hintergrund einfügen
	Blinkende Pfeile/Pfade/Lichter
	Funktionen für die Titelerstellung
	Optische Spezialeffekte
	Farbverlaufzuordnung (einem Objekt kann eine Vielzahl von Farben für einen bestimmten Zeitraum zugeordnet werden.
Multimedia	DLL Unterstützung
	Videoeinbindung / Vertonung von Animationen
	Hohe Bildschirmauflösung (1280 x 1024 Bildpunkte)
	Erkennung einer Vielzahl von Dateiformaten (BMP/TIFF usw.)
Programmierung	Mathematische Operationen
	Dateioperationen
	Einbindung von Hilfe
	Datenbankfunktionen
	Zufallsfunktion
	Dialogboxen

	IF-Steuerstruktur für Verzweigungen (IF / THEN / ELSE)
	Ausführung von Programmen
Abspielen	Runtime-Version erhältlich (Abgemagerte kostengünstige Programmversion für das Abspielen)
	EXE-Datei erstellbar (der Anwender muß für das Abspielen keinerlei zusätzliche Software anschaffen).

Tabelle 2.6: Auswahlkriterien für Autorensysteme

2.9 Elektronischer Medien Versand

Die Personalcomputer werden immer häufiger untereinander vernetzt, sei es im gleichen Gebäude über die lokalen Netzwerke (LAN) oder bei weiten Strecken über Telefonleitungen. Sie rücken aber auch immer näher zu den Heimgeräten, wie Fernseher oder Stereoanlage. Bei dem Informationsaustausch möchte man natürlich auch alle benutzten Medien übermitteln können, seien das nun Textinformationen, Bilder oder Ton.

2.9.1 Telefon/Fax

Weil es für jedermann zugänglich ist und praktisch in jeder Haushaltung vorhanden, ist das Telefon ein wichtiges Element für die Vernetzung von Computern. Mit einem Modem, als Bindeglied zwischen Computer und Telefonleitung, können rund um die Welt Daten ausgetauscht werden.

Für eine Desktop-Publishing Firma beispielsweise ist die Anschaffung einer teuren Belichtungsmaschine nicht rentabel, da die Maschine u.U. schlecht ausgelastet wäre. So gibt es Zentren, die sich auf das Kopieren und Belichten spezialisiert haben und dadurch eine gute Auslastung ihrer Maschinen erreichen können. Nach Erstellen einer illustrierten Zeitschrift durch die Desktop-Publishing Firma wird die Telefonleitung benutzt, um die Daten aus dem Firmencomputer an den Computer des Belichtungszentrums zu übermitteln. Diese Daten werden anschließend der Belichtungsmaschine zugeführt, welche daraus qualitativ hochwertige Filme oder Papierbelichtungen herstellt.

Sollen Bilder oder Skizzen ausgetauscht werden, dann kann das Fax gute Dienste leisten. Da bei dieser Technik aber nur Punktmuster übermittelt werden, macht diese Art der Übermittlung nur einen Sinn, wenn direkt der Mensch als Empfänger die Information braucht. Ob er sie auf Papier drucken läßt oder auf dem Bildschirm abliest ist sekundär. Es macht aber keinen Sinn, wenn die Information auf dem Computer weiterverarbeitet werden soll, da wie schon erwähnt, alle Seiten als Punktmuster empfangen werden, d. h. Textinformationen sind nicht Ketten von ASCII-Zeichen, sondern einfach Punkte. Ein Texterkennungsprogramm könnte unter Umständen die Textpartien in ASCII-Zeichen umwandeln, so daß der Text für die Weiterverarbeitung benutzt werden könnte, dieser Weg ist aber nicht sehr effizient.

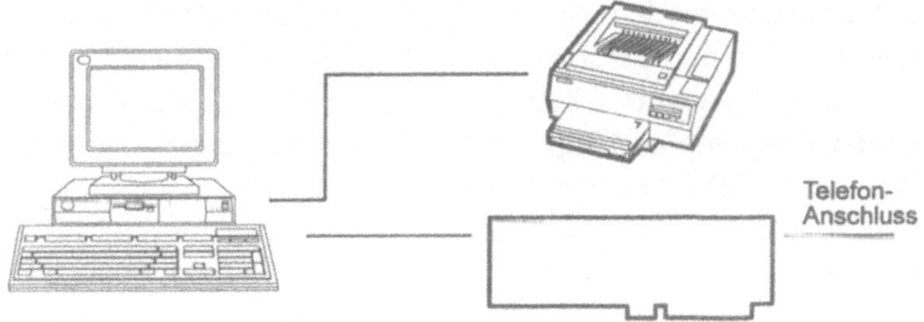

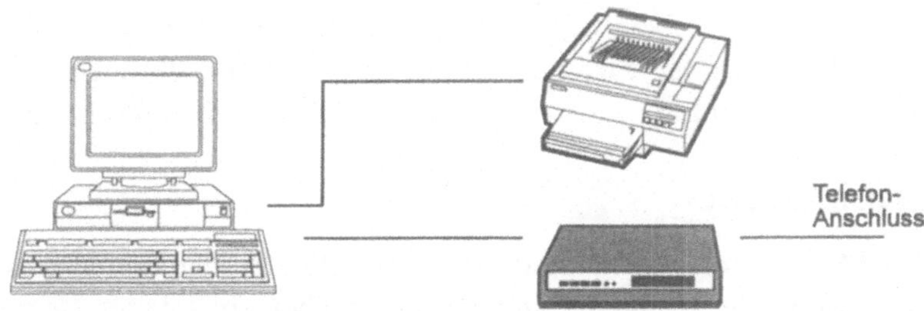

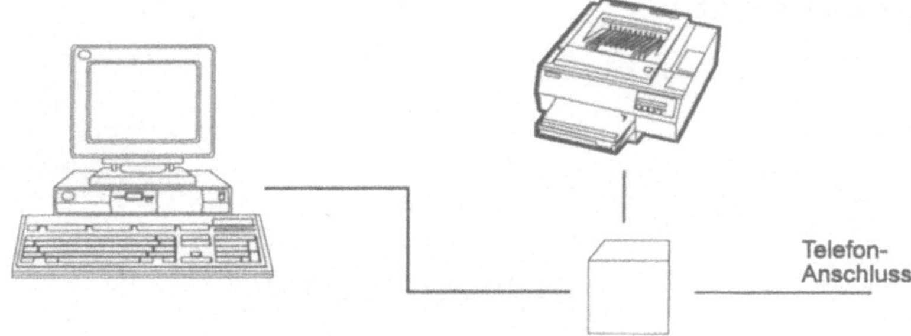

Abb. 2.32: Mögliche FAX-Verdrahtungen

Die beiden Medien Sprache und Bild können also sehr gut über die Telefonleitung ausgetauscht werden. Auf dem Markt sind Modem- und Faxkarten in rauhen Mengen zu günstigen Preisen erhältlich. Interne Modems sind in der Regel etwas günstiger. Es sind Karten, die in einen freien Steckplatz des Computers gesteckt werden können. Externe Geräte sind in einem Gehäuse untergebracht, haben ein eigenes Netzteil und können über eine serielle Schnittstelle mit dem Computer verbunden werden. Auf dem Markt sind auch Multimedia-PCs erhältlich, die Modem/Fax und Telefonbeantworter direkt eingebaut haben. Sprachsequenzen für den Beantworter können über das Mikrofon und die Soundkarte digital auf der Festplatte abgelegt werden. Eingehende Anrufe werden ebenfalls digitalisiert und auf der Festplatte abgelegt. Eine zusätzliche Logik überwacht auch bei ausgeschaltetem PC die Telefonleitung und startet die Maschine sofort bei einem eingehenden Anruf. Nach automatischer Entgegennahme des Anrufs erkennt der PC, ob es sich um ein Gespräch oder um einen Fax handelt und die entsprechenden Aktionen werden unternommen. Telefon/Fax/Beantworter gibt es als Einzelgeräte etwa ein halbes Dutzend. Sie besitzen leider aber keine Anschlussmöglichkeit für den PC, auch fehlen bis heute leider interne Karten, die auch den Beantworter beinhalten würden, genau wie bei dem konfigurierten Multimedia-PC. Man darf also auch auf diesem Gebiet noch mit einigen Neuigkeiten rechnen. Abbildung 2.32 zeigt drei mögliche FAX-Verdrahtungen auf.

2.9.2 Netzwerke

Auf dem PC will man nicht mehr auf Bewegtbilder und Sprache verzichten, auch nicht wenn die Computer untereinander über ein lokales Netzwerk oder aber auch über weitere Distanzen verbunden sind. So ist es vorstellbar, daß zwei Anwender über ihre Multimedia PCs und das Netzwerk miteinander sprechen wollen. Dann ist es wichtig, daß ein kontinuierlicher Datenfluss über das Netzwerk gewährleistet ist.

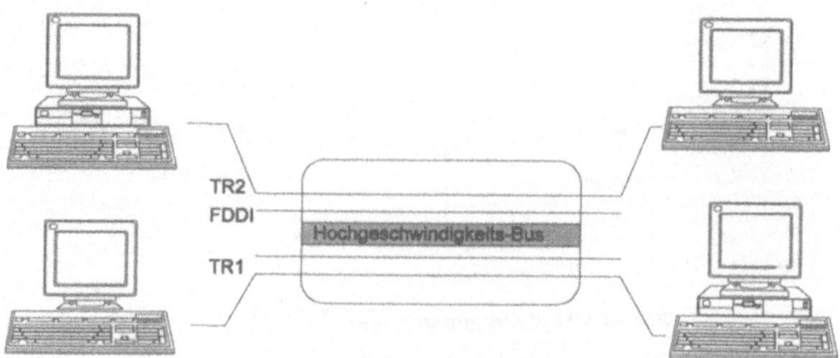

Abb. 2.33: Sternnetz für schnellen Port zu Port Datenaustausch (Quelle: Lannet)

Noch extremer wird es, wenn Bewegtbilder ausgetauscht werden sollen, z.B. Video-Konferenzen am PC oder Trainingskurse. Auch hier ist man darauf angewiesen, daß ein kontinuierlicher Datenfluss gewährleistet ist. Lokale Netzwerke sind für einen „Burst"-Betrieb optimiert. Burst-Betrieb (bersten) bedeutet, daß sehr hohe Datenströme entstehen, die aber immer wieder durch Datenpausen unterbrochen werden. Multimedia Anwendungen führen deshalb in herkömmlichen Netzwerken zu Problemen. Natürlich spielt die Art der Datenübertragung absolut keine Rolle, solange der Empfänger die Daten vorerst auf die Festplatte ablegt, um sie erst später zu verarbeiten. Will man aber wirklich direkt mit dem Gegenüber in Echtzeit kommunizieren, dann muß ein multimediagerechtes schnelles Netzwerk mit entsprechenden Netzwerkprotokollen vorhanden sein (Abb. 2.33). Möchte man zum Beispiel eine Videosequenz, mit 25 Bildern pro Sekunde, in Echtzeit an einen anderen PC schicken, dann ist bei einer Auflösung von 640 x 480 Bildpunkten und 8-Bit Farbtiefe folgende Datenrate nötig:

640 x 480 = 307'200 Bildpunkte respektive Bits

307'200 x 8-Bit Farbtiefe = 2'457'600 Bits pro Einzelbild

2'457'600 x 25 Bilder pro Sekunde = 61'440'000 Bits pro Sekunde

Würde diese Übertragung also ohne jegliche Bilddatenkomprimierung stattfinden, bedürfte es einer Datenrate von rund 62 MBit pro Sekunde. Parallel zu dieser Video-Übertragung möchte man durch das Netzwerk aber auch noch andere Informationen übertragen und zudem sind in der Regel noch andere Teilnehmer da, die miteinander über das gleiche Netzwerk kommunizieren möchten. Dank intelligenten Bilddatenkomprimier-Algorithmen kann die Datenrate noch um den Faktor 10 bis 20 reduziert werden. Trotzdem bleibt aber noch eine sehr große Datenmenge übrig, die bewältigt werden muß. Tabelle 2.7 zeigt die möglichen Datenraten verschiedener bekannter Netzwerke.

Kürzel	Bezeichnung	Normen / Möglichkeit	Mögliche Datenrate
LAN	Local Area Network	CSMA/CD FDDI Token Passing	40 MBit/s bis 100 MBit/s
MAN	Metropolitan Area Network	Slotted Ring	Bis 155 MBit/s
WAN	Wide Area Network	ISDN	Bis 64 kBit/s
GAN	Global Area Network	Satellit	Bis 2'048 MBit/s

Tabelle 2.7: Datenraten bei den bekanntesten Netzwerken

Die Hersteller von Netzwerkkomponenten werden sich in Zukunft vermehrt um die Multimedia-Anwendungen kümmern müssen und entsprechende schnelle Parallel-Protokolle anbieten müssen. Bei den lokalen Netzwerken (LAN) rechnet man mit einer jährlichen Zuwachsrate von ungefähr 18%. Die Information spielt als Produktionsfaktor in der Wirtschaft eine zunehmend wichtigere Rolle. Es lohnt sich hier also eine gründliche Evaluation durchzuführen, um ein neues Netz aufzubauen oder ein bestehendes umzurüsten und dabei das beste Preis-/Leistungsverhältnis ausfindig zu machen.

2.9.3 Video- und Media- Kommunikation

Schon seit längerer Zeit besteht der Wunsch, beim Telefonieren den Gesprächspartner nicht nur zu hören, sondern ihn auch sehen zu können. Vereinzelt sind Bildtelefone bereits im Einsatz, aber den großen Durchbruch haben sie bis heute nicht geschafft.

Durch Einführung schneller Netzwerke durch die staatlichen Fernmeldegesellschaften ergab sich die Möglichkeit, Videokonferenzen durchzuführen. In größeren Städten auf der ganzen Welt gibt es Räumlichkeiten, ausgestattet mit Fernsehmonitoren und Videokameras, die man stunden- oder tageweise mieten kann. So können Personen der Firma XY in New York beispielsweise mit den Leuten der Firma Z in München eine Konferenz abhalten, ohne nur einen einzigen Kilometer unter die Füße nehmen zu müssen. Dabei entfallen also teure und zeitraubende Reisen, Wissensträger reisen nicht mehr in der ganzen Welt herum, nur um an Sitzungen teilzunehmen. Die Personen können sich sinnvolleren Beschäftigungen widmen und sie sind zusätzlich weniger großen Unfallrisiken unterworfen. Zusätzlich ist diese Methode der Konferenzveranstaltung noch sehr umweltschonend.

Die Technik ist nun heute soweit, daß wir nicht einmal den Weg zum Video-Konferenz-Studio unter die Füße nehmen müssen, sondern wir können direkt über den PC mit dem Partner kommunizieren. Der Begriff „Virtuelles Büro" wurde geboren. Alle Daten und Dienste werden in Zukunft ortlos sein, man kann von einem weltumspannenden Sitzungszimmer sprechen. Der PC wird mit Personenkamera, Mikrofon und Telefon-Handset ausgestattet, wie es in Abbildung 2.34 skizziert ist. Als Dokumentenkamera ist selbstverständlich auch ein Scanner einsetzbar. Teamarbeit ist durch diese Möglichkeiten über beliebige Distanzen möglich, kürzere Entwicklungszyklen, gesteigerte Nutzung von Ressourcen und eine Imagesteigerung sind die Folge davon.

Die Übertragung der Daten erfolgt über ein Lokales Netzwerk (LAN: Local Area Network) oder über das Integrated Services Digital Network (ISDN) der staatlichen Fernmeldegesellschaften. Dabei kommt man bei der Übertragung von bewegten Bildern, aus Gründen der Übertragungsgeschwindigkeit, an die Grenze der heutigen Technik. Die Bilddaten müssen komprimiert werden, um die nötige

Übertragungsgeschwindigkeit zu erreichen. Dazu sind verschiedene Algorithmen bekannt, wie z.B. MPEG (siehe Kapitel 1.3.1). Das volle Bild wird nur am Anfang übermittelt, anschließend werden nur noch die Bildelemente übertragen, die sich auch tatsächlich ändern. Dadurch kann die zu übermittelnde Datenmenge drastisch reduziert werden.

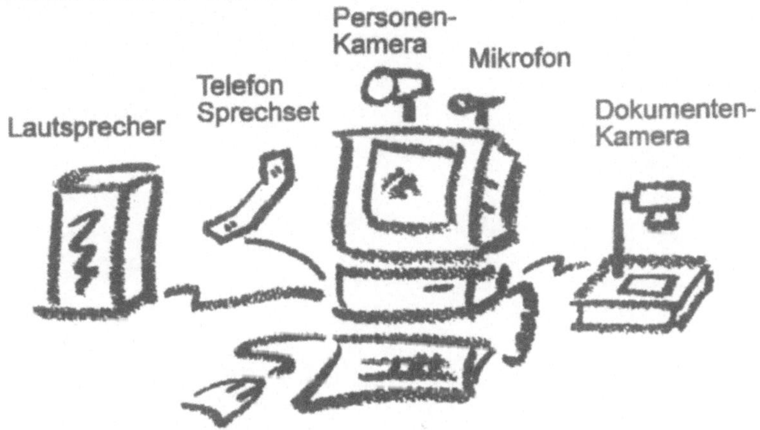

Abb. 2.34: PC Ausstattung für Media-Kommunikation (Quelle: Bitfield)

Dank allen diesen erwähnten Möglichkeiten der Video- und Media- Kommunikation wird es in Zukunft vielleicht auch einmal möglich sein, die Arbeit von Zuhause aus zu verrichten (Abb. 2.35). Das würde bedeuten, daß auch der oft mühselige Arbeitsweg wegfällt und die verbleibende Zeit für Sinnvolleres genutzt werden kann. Gleichzeitig würde ein beträchtlicher Beitrag für den Umweltschutz geleistet und auch volkswirtschaftlich würde die Bilanz mit Garantie sehr positiv aussehen. Teure Infrastrukturen, wie Straßen, öffentliche Verkehrsmittel usw. könnten z.T. eingespart werden.

Abb. 2.35: Auch von Zuhause aus mit der ganzen Welt verbunden (Quelle: Bitfield)

Es bleibt zu hoffen, daß möglichst viele Betriebe diese Vorteile erkennen und in Zukunft ihren Mitarbeitern die Möglichkeit des Heimarbeitsplatzes bieten können. Sicherlich erfordert diese Arbeitsmethode von jedem einzelnen eiserne Disziplin, andererseits wäre es sicherlich eine große Motivationsspritze für jeden, der den Wunsch hat von Zuhause aus arbeiten zu können.

3 Das Schlussbukett aller Medien

3.1 Einleitung

Wie ein Schlussbukett eines Feuerwerks mag es erscheinen, wenn man alle verfügbaren Medien auf einmal zusammenspielen läßt. Die auf einen zukommende Fülle an Bildern und Tönen löst geradezu Gänsehaut aus. Doch vor der Zündung der ersten Rakete müssen eine ganze Reihe von Vorbereitungen getroffen werden. Fragen nach Anwendungsmöglichkeiten, dem Entstehen von Applikationen und dem hierfür erforderlichen Mitteleinsatz werden im folgenden Kapitel behandelt.

3.2 Anwendungsmöglichkeiten

3.2.1 Computer-basiertes Lernen (CAL / CBT)

Wissenschaftliche Studien beweisen, daß bei Informationsvermittlung mittels Ton nur etwa 20 Prozent vom Lernenden aufgenommen wird. Bei Ton und Bild, also der audiovisuellen Methode, steigt der Prozentsatz des behaltenen Wissens auf 40 Prozent. Gelingt es, den Lernenden zum Handeln zu motivieren, steigert sich der Lernerfolg auf 80 bis 90 Prozent. Ein interaktives Lernsystem, bei dem der Lernende zum Handeln bewegt wird und fortlaufend Entscheidungen fällt sowie entsprechende Weichen stellt, kann mit einem Multimedia-PC, unter Nutzung von Sprache, Musik, Bewegt- und Standbild, Grafik, Text und Daten, ideal aufgebaut werden. Ein solches Lernsystem wird im Englischen Sprachgebrauch „CAL" (Computer Assisted Learning oder Computer Aided Learning) genannt.

Die gleichen Ziele werden mit „CBT" (Computer Based Training) verfolgt. Die permanente Schulung von Mitarbeitern oder auch Kunden ist eine der wichtigsten Zukunftsinvestitionen eines Unternehmens. Aus- und Weiterbildung sind andererseits aber sehr kostenintensiv, deshalb setzen immer mehr Unternehmen auf interaktive Multimedia-Systeme und garantieren damit eine Verbesserung der Qualifikation ihrer Mitarbeiter bei gleichzeitig niedrigeren Ausbildungskosten. Bekannt ist auch das Problem, daß oft nur eine einzelne Person in ein neues

System eingeführt werden muß. Niemand nimmt sich so recht die Zeit, diese Person intensiv in dieses System einzuführen. Die Person ist sich selbst überlassen, die Motivation sinkt, der nötige Wissensstand wird nie erreicht. Computerbasierte Trainingssysteme können diesen Prozeß verbessern, der Anwender kann, je nach Vorwissen, Bildungsstand und Lerntempo, individuell den Verlauf des Lernprogramms bestimmen. Schwierige Lernschritte können beliebig oft wiederholt werden, Bekanntes kann einfach übersprungen werden. Es entfallen somit Zeiten, in welchen sich der Lernende gelangweilt fühlt und sich mit anderen, nebensächlichen Dingen anfängt zu beschäftigen. Gleichzeitig kann die Lehrperson entlastet werden. Sie kann generelle Probleme erkennen und auf das Lernprogramm für die Zukunft Einfluß nehmen. Natürlich ersetzen Computer-Basierte Lernsysteme nicht die Lehrperson, aber sie können eine sinnvolle Unterstützung sein.

3.2.2 Präsentation

Bei größeren Veranstaltungen sowie auch bei betriebsinternen Informationssitzungen hat sich der Hellraumprojektor durchgesetzt.

Abb. 3.1: Multimedia Präsentation mittels Hellraumprojektor (Quelle: RPS)

Moderne LCD-Anzeigen, die es ermöglichen den Bildschirminhalt des Computers mittels Hellraumprojektor auf die Projektionswand zu bringen, lassen moderne Multimedia-Präsentationen zu (Abb. 3.1). Technische Abläufe und Trendanzeigen müssen nicht mit einem wilden Folienwechsel an den Zuschauer gebracht, sondern können mit Computeranimation anschaulicher und professioneller gezeigt werden. Der Referent sollte sich jedoch eines merken, sein Zielpublikum sind nicht Computer, sondern immer noch die Menschen im Saal.

3.2.3 Werben / Verkaufen / Informieren

Wer besser verkaufen will, muß Anwendungen zeigen, denn eine bloße Referenzliste ist zuwenig ansprechend für den Kunden. Gutes Argumentieren und die überzeugende Darlegung der Vorzüge tun ein übriges. Der Kunde will und braucht heutzutage mehr Informationen für seine Kaufentscheidung. Dazu will der Kunde nur die Informationen bekommen, die für ihn nützlich sind, und genau das kann nur ein interaktives System erreichen. Es führt den Kunden schnell zu den gewünschten Produkten, ohne daß er sich ein langweiliges Video ansehen muß, von dessen Informationsgehalt er vielleicht fünf Prozent nutzen kann.

Mit sogenannten Point-of-Information Terminals (POI) können starke Werbe- und Verkaufshilfen erstellt werden (Abb. 3.2). Zudem können in Zukunft auch Produktinfos auf Diskette oder CD-ROM an den Kunden abgegeben werden, dank derer er sich Zuhause in aller Ruhe über das Produkt informieren kann.

Abb. 3.2: Point of Information (POI) Terminal (Quelle: ABECO)

Prädestiniert für den Einsatz von POI-Terminals sind Museen. Sie geben dem Besucher die Möglichkeit, seinen Museumsbesuch individuell zu gestalten und eine Tour nach seinem Geschmack zusammenzustellen. Plazierte POI-Terminals bei wichtigen Museumsgegenständen helfen den Besuchern, gezielt die Information abzugeben, die sie interessiert.

Auch Banken haben das enorme Potential von Multimedia-Systemen entdeckt, um ihre Kunden noch besser bedienen zu können. Ein gewisser Grad von Selbstbedienung heißt für den Kunden auch Unabhängigkeit und 24 Stunden Service. Ein mit Touch-Screen ausgerüstetes Terminal kann Informationen über Anlagemöglichkeiten, Börsenkurse, Sportveranstaltungen usw. vermitteln. Dem Kunden kann auch, mittels einer kleinen Animationssequenz, der schnellste Weg zu der gewünschten Abteilung gezeigt werden. Selbst die Einspielungen von Werbefilmen oder Sportveranstaltungen sind möglich. Das Terminal soll auch von Mitarbeitern genutzt und gleichzeitig auch mit Meldungen ergänzt werden können, wobei natürlich die Firmen-Identität bewahrt bleiben soll. Dies kann aber wiederum durch bestimmte Vorgaben auf der Bildschirmseite beeinflußt werden. Dank solcher Terminals können die Bankangestellten sich immer mehr von Routinearbeiten befreien und sich somit der intensiveren Beratung widmen.

Multimedia-Terminals werden zum Teil auch auf Autobahnraststätten eingesetzt, um dem Touristen die Region näherzubringen. Hotels stehen nicht nur unter ihrer Adresse abrufbar zur Verfügung, sondern ein Rundgang durch Speisesaal und Zimmer vermittelt dem Anwender einen direkten Einblick vom zu erwartenden Ambiente. Gefällt das Angebot, kann an dem Terminal direkt eine Zimmerreservation vorgenommen werden, wobei der eingebaute Drucker eine Bestätigung ausgibt.

3.2.4 DTP

Spricht oder schreibt man von Multimedia, so gerät das Desktop-Publishing meist in Vergessenheit. Der Grund dafür ist, daß der heutige Informationsträger im Normalfall immer noch ein Stück Papier mit Text, Grafik und Bildern ist und nicht eine totale Medienschau. Trotz des Fehlens der Medien Sprache, Musik und bewegte Bilder ergeben sich für den Entwickler von Druckvorlagen sehr viele Parallelen zum Entwickler von Multimedia-Systemen. Bis zu einem gewissen Grad gelten die gleichen Regeln für beide Anwendungsbereiche. Auch für Desktop-Publishing Anwendungen sind genau die gleichen Mittel für die Erfassung von Text und Bild einsetzbar, wie bei der Produktion einer Multimediaschau.

3.2.5 Nachschlagewerke

Enzyklopädien haben schon immer von verschiedenen Medien gelebt. Bis dato versuchte man in den Büchern gewisse Abläufe mit Bildsequenzen oder übereinandergelegten Transparentfolien darzustellen. Multimedia-Systeme bieten nun einfachere und verständlichere Methoden, um solche Abläufe dem Anwender klar zu machen. Es liegt eigentlich auf der Hand, daß moderne Enzyklopädien auf diese Methoden nicht mehr verzichten dürfen. Bei einer berühmten Persönlichkeit könnte beispielsweise eine Rede, die sie berühmt gemacht hat, mit Bild und Ton abgerufen werden, oder ein technisches Nachschlagewerk kann mit Animationen komplizierte Abläufe klar und verständlich darlegen. Zudem läßt die Hypermedia-Technik es zu, ein Nachschlagewerk noch effizienter zu nutzen. Zum heutigen Zeitpunkt werden solche Nachschlagewerke ausschließlich auf Compact Disks angeboten. Für ein perfekt aufgemachtes Nachschlagewerk auf CD ist ein relativ hoher Preis durchaus gerechtfertigt, doch könnte es in Zukunft den zu überrissenen Preisen angebotenen Enzyklopädien in Buchform den Rang ablaufen. Neben englischsprachigen Nachschlagewerken ist das Bertelsmann Universal Lexikon schon geraume Zeit auf CD erhältlich. Es ist zu hoffen, daß möglichst viele deutschsprachige Anbieter solche Titel auf CD anbieten werden.

3.2.6 Video- Kommunikation / Media- Kommunikation

Dank der Video- Kommunikation werden uns in Zukunft eine ganze Reihe von neuen Möglichkeiten bereitstehen. Ähnlich dem Bildtelefon ist es möglich, den Geschäftspartner am anderen Ende der Leitung nicht nur zu hören oder ihn mit Text auf dem Bildschirm zu beglücken, sondern ihn auch zu sehen. Weiter besteht die Möglichkeit, beliebiges Bildmaterial, sei das nun ein Fax oder ein Foto oder gar eine Videosequenz, dem Partner in Echtzeit zu übermitteln. Nähere technische Angaben über die Video- respektive Mediakommunikation sind in Kapitel 2.9.3 beschrieben.

3.2.7 Management Informations Systeme

Management Informationssysteme (MIS) werden in Zukunft für die Unternehmensführung eine bedeutende Rolle einnehmen. Um den Managern einen schnellen Einblick in die abgelaufenen Geschäftsvorgänge zu ermöglichen, sind die Techniken des Multimedia PC geradezu ideal. Trendanalysen können mit Animationsprogrammen sehr eindrücklich dargestellt werden. Visionen können auf dem PC bereits realisiert werden. Die Anwendungsmöglichkeiten sind beinahe unbegrenzt.

3.2.8 Unterhaltung

In der Unterhaltung kann der Multimedia-Gedanke wohl am einfachsten und schnellsten in die Tat umgesetzt werden. Kaum einer kann sich der Faszination guter Animationen und lebensechter Bilder in Spielprogrammen entziehen. Es liegt deshalb auf der Hand, daß die Hersteller von Spielprogrammen meist auf dem neusten Stand der Technik sind und all die phantastischen Möglichkeiten auch sofort zu nutzen wissen. Auf CD-ROM sind deshalb schon etliche gute Spiele auf dem Markt erhältlich. Den Herstellern von „seriösen" Programmen würde es meist auch nichts schaden, den Innovationsgeist der Spielehersteller zu übernehmen und andererseits sollten die Programmanwender lernen, daß nicht alles einfach nur Spielerei ist. In der Vergangenheit war manch gutes Produkt zum Scheitern verurteilt, nur weil ihm das anrüchige Image der Spielerei anhaftete. Doch auf welche Art läßt sich eigentlich effizienter und lustvoller arbeiten, als auf die spielerische?

3.2.9 Dokumenten Management System

Dokumenten Management Systeme haben die Aufgabe, Informationen eines Unternehmens elektronisch zu archivieren, zu verwalten und natürlich auch wiederzufinden.

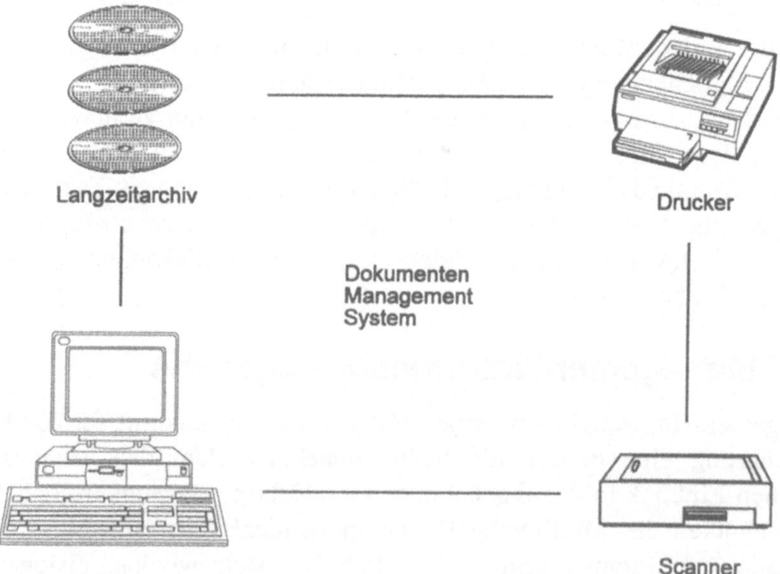

Abb. 3.3: Mögliche Hardwarelösung für ein Dokumenten Management System

Die Auftrags-, Adressen- und Lagerverwaltung hat in Bezug auf die verwendeten Medien meist ein Mauerblümchendasein. Daß das nicht immer so sein muß, zeigt beispielsweise die US-Firma ACTS Corp. mit einem Management System, das zu den üblichen Funktionen noch eine Artikelbilder-Datenbank anbietet. Branchen, deren Artikel nicht unbedingt mit einer technischen Zeichnung abgebildet werden können, haben damit die Möglichkeit, im Artikelstamm auch das entsprechende Foto zu speichern. Immobilienmakler, Modemacher, Weinhändler, Büroartikelhändler sind nur einige mögliche Anwender, bei denen Multimedia einiges zur Verständigung und Rationalisierung beitragen kann. Eine mögliche Hardwarelösung ist in Abbildung 3.3 skizziert.

Es sollen aber mehr als nur Bilder abgelegt werden können. Eine ganzheitliche Bearbeitung in der gesamten Unternehmung soll dadurch möglich sein (Abb. 3.4).

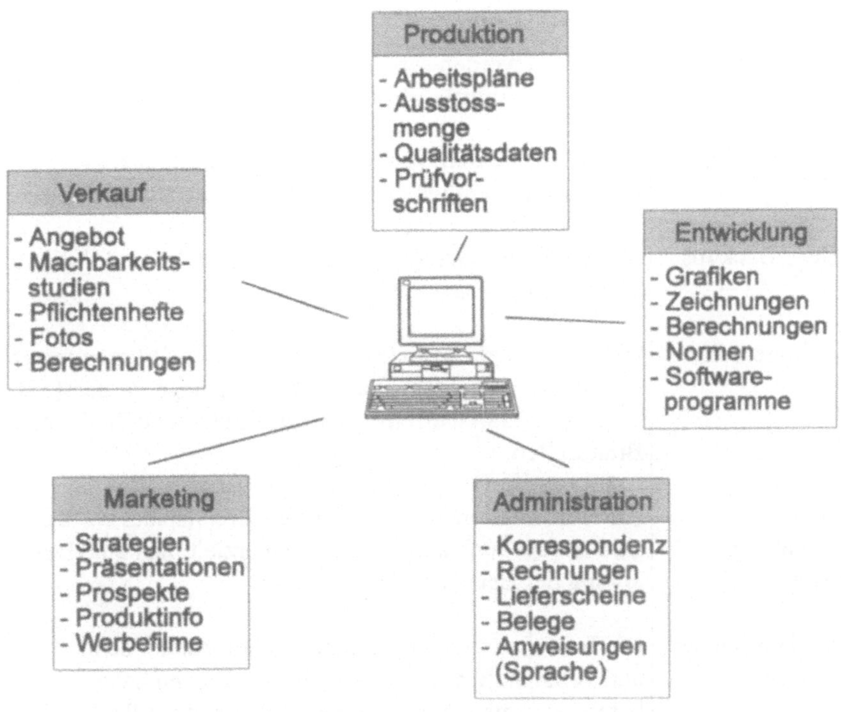

Abb. 3.4: Dokumenten Management System in der Unternehmung

Die gesamten Vorgänge im Betrieb müssen am Monitor verfügbar sein. Komplexe Zusammenhänge sind für den einzelnen Mitarbeiter besser durchschaubar.
Die riesige Informationsmenge, die in einem modernen Betrieb anfällt, kann
man beinahe nur noch mit einem Dokumenten Management System beherr-
schen. Dank der Multimedia-Technik sind bezüglich Informationsart keine
Grenzen gesetzt. So können Briefe, Konstruktionszeichnungen, Bilder, hand-
schriftliche Notizen, Rechnungen, Belege, Sprache, Film, Animation usw. in
digitaler Form archiviert werden. In Tabelle 3.1 sind die hauptsächlichen Vorteile dieser elektronischen Datenverwaltung aufgeführt. Das oberste Ziel in einem
Unternehmen wird dabei sein, die Produktivität durch effizientere Arbeitsabläufe
zu steigern.

Stichwort	Erläuterung
Platzersparnis	Die Räumlichkeiten für das Archiv entfallen.
Tätigkeits-aufwertung	Die unbeliebte Archivierungstätigkeit wird aufgewertet, sie wird am gewohnten PC-Arbeitsplatz erledigt.
Rationalisierung	Die Daten werden sehr schnell aufgefunden, der mühsame Gang in den muffeligen Archivraum entfällt.
Lange Lebensdauer	Durch den Einsatz von optischen Datenspeichern erreicht man eine wesentlich höhere Lebensdauer als bei Papier
Einfache Backups	Regelmäßige Backups sind auf einfache Art und Weise durchführbar.
Hohe Sicherheit	Die Datenträger können an verschiedenen Orten, ohne großen Platzbedarf, an einem sicheren Ort abgelegt werden (z.B. Tresor). Dadurch erreicht man eine hohe Sicherheit, auch bei Brandfällen.
Schnelle Entscheidungs-prozesse	Alle Informationen sind sofort am Arbeitsplatz verfügbar und sind zudem auch aktuell. Dadurch erzielt man eine Beschleunigung der Entscheidungsprozesse.
Wertsteigerung der Information	Die Informationen liegen dem Sachbearbeiter schnell, aktuell und vollständig vor. Aktuelle Informationen haben den größeren Wert als verstaubte, alte Dokumente. Alle Abteilungen des Unternehmens haben auf dieselben Daten Zugriff, was große organisatorische Vorteile bringt.

Tabelle 3.1: Vorteile eines Dokumenten Management Systems

Zur Langzeitarchivierung der Dokumente werden optische Speicher eingesetzt. Die Vorteile der optischen Disks liegen auf der Hand. Sie sind relativ unempfindlich gegen kleinere Beschädigungen, sie sind sehr schnell beim Datenzugriff und sehr sicher gegen Datenverlust über die lange Lebensdauer. Dabei kommen die drei optischen Speichermedien in Frage, die in Kapitel 1.6 und 1.7 beschrieben sind. Die CD-ROM (Compact Disk-Read Only Memory) kommt als Informationsdatenbank für z.B. Kataloge, Telefonbücher etc. in Frage. Die einmal beschreibbare und mehrmals lesbare WORM (Write Once Read Multiple) ist sehr gut geeignet für die Speicherung von Massedaten, die im Anschluß an das Speichern nicht mehr manipuliert werden müssen. Mit der WORM ist automatisch die Dokumentenechtheit sichergestellt, da eine nachträgliche Änderung bei diesem Medium nicht möglich ist. Mehrfach beschreibbare und wieder löschbare Disks, die Magneto Optical Disks (MO), können für die Speicherung von fortlaufend veränderbaren Daten eingesetzt werden.

Obwohl die optischen Speichermedien große Kapazitäten aufnehmen können, wird ein Unternehmen nicht mit einer einzigen Disk auskommen. Für die Handhabung mehrerer Disks sind auf dem Markt sogenannte „Jukeboxes" (Plattenwechselautomaten) erhältlich (Abb. 3.5).

Abb. 3.5: Jukebox, Plattenwechsler für optische Disks, 28 Gigabytes auf 5 Disks
(Quelle: PHILIPS)

Vor dem Kauf eines Dokumenten Management Systems sollte man sich auf jeden Fall auch ins Bild setzen, was der Gesetzgeber punkto Aufbewahrungsfrist, Datensicherheit und Produktehaftung festgelegt hat. Unternehmen haben bei bestimmten Dokumenten, z.B. Rechnungen, eine Aufbewahrungspflicht bis zu zehn Jahren. Welche Datenträger vom Gesetzgeber akzeptiert werden, muß von Fall zu Fall abgeklärt werden.

Dokumenten Management Systeme werden immer mehr an Bedeutung gewinnen. Einsetzbar sind diese Systeme praktisch in jedem Betrieb und in jeder Branche. Leider sind zur Zeit noch nicht allzu viele Softwareanbieter auf dem Markt, so daß die Systeme noch mehrheitlich selbst programmiert werden müssen.

3.3 Ein Multimediasystem in der Praxis

3.3.1 Einleitung

An dem Zentralschweizerischen Bildungszentrum für Computer Integrierte Fertigung (CBZS) in Horw bei Luzern erkannte man den Nutzen des Computer basierten Trainings (CBT). Man möchte den CIM-Gedanken in Schulen und in der Industrie fördern (CIM = Computer Integrated Manufacturing = Computer Integrierte Fertigung). Es entstand das Projekt, ein Informations-, Ausbildungs- und Beratungssystem über CIM zu erstellen, mit dem Projektnamen CIM-IAB. Parallel zu dem Ausbildungsteil soll das System auch interessierte Kreise informieren und beraten können. Die Informationen sollen dabei von einer zentralen Datenbank abgerufen werden können. Lernmodule für die Ausbildung sollen auf dem persönlichen PC installiert und benutzt werden können. Die heute zu vernünftigen Preisen erhältlichen Komponenten, wie schnelle Rechner, hohe Speicherkapazitäten, moderne Telekommunikation sowie Multimedia-Fähigkeiten ermöglichen die Erstellung dieses CIM-IAB-Systems. Am Bildungszentrum CBZS glaubt man an den computerunterstützten Unterricht mit multimedialen Erweiterungen wie Ton, Bild, Animation, Video und Grafik, zum Erlernen, Vertiefen und Üben von Lerninhalten.

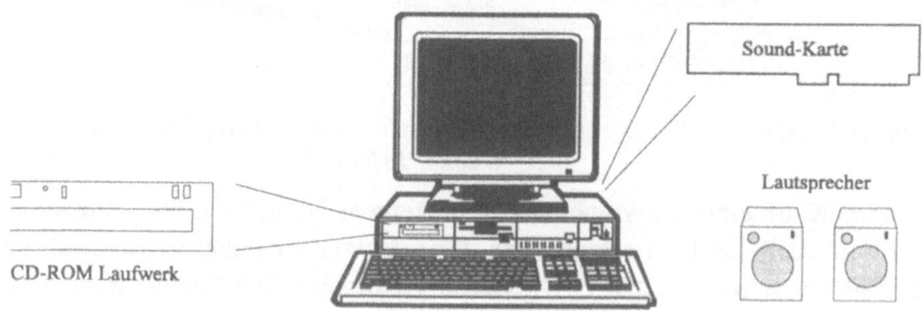

Abb. 3.6: Systemkonfiguration für den Anwender von CIM-IAB

3.3.2 Vorgehen, Definitionen, Festlegungen

Für die Erstellung des Informations-, Ausbildungs- und Beratungssystems wurde ein Projekt definiert und ein Projektleiter mit der Koordinationstätigkeit beauftragt. Tabelle 3.2 gibt einen generellen Einblick über die nötigen Abklärungen vor der Erstellung eines Multimedia-Systems. Mit der Zieldefinition wird auch der Anwenderkreis festgelegt und die Hard- und Softwarekombination bestimmt, die der Endanwender stellen muß, um das Multimedia-Programm voll nutzen zu können. Konkret setzte man sich in dem Projekt CIM-IAB zum Ziel, die Komponenten der Computer Integrierten Fertigung (CIM) mit Hilfe von Computer Based Training (CBT) aufzubereiten und sie den Benutzern dieser Anwendungen verständlich zu machen. Die nötige Hardwarekonfiguration für den Endanwender ist aus Abbildung 3.6 ersichtlich.

Aufgabe	Beschreibung
Zieldefinition	Was soll vermittelt werden, wer soll angesprochen werden, Definition der Funktion.
Adressat	Ist der Anwender gewohnt mit Computern zu arbeiten, welche Qualitätsansprüche hat er an Bild und Ton, welche Position hat er inne, wie ist seine Ausbildung.
Abschätzung des Marktes	Akzeptanz und Wille der Anwender müssen da sein, das Multimediasystem muß neue Qualitäten aufweisen, kalter Kaffee neu verpackt reißt keinen vom Stuhl.
Anzahl Grundsysteme	Eine möglichst große Verbreitung der Grundsysteme (Hard- und Software) sichert den nötigen Absatz. Mit anderen Worten, möglichst jeder zukünftige Anwender sollte bereits das Grundsystem besitzen. Je nach Zielpublikum muß eine preisgünstige Nachrüstung des Computers möglich sein.
Wahl der speziellen Hard- und Softwarezusätze	Ist ein Touchscreen nötig? Welche Softwarelizenzen sind für den Betrieb des erstellten Multimediasystems nötig? Gibt es Runtime-Versionen?
Medienwahl (Bild/Ton/Sprache usw.)	Die Applikation diktiert das Medium, die richtige Wahl zu treffen ist keine leichte Aufgabe. Man sollte nicht Gefahr laufen, allzuviel Medien gleichzeitig zu nutzen.
Speichermedium für den Vertrieb	Hier bestimmt die Datenmenge wiederum das Speichermedium, auf dem das System angeboten werden soll. In den meisten Fällen wird die CD-ROM das geeignetste Medium dafür sein.
Wahl des Autorensystems	Das Autorensystem muß sicher einmal alle gewünschten Medien unterstützen und sollte ohne Programmierkenntnisse angewendet werden können.

Nutzungssituation	Wo wird das System benutzt, am Arbeitsplatz, im Feld oder Zuhause.
Inhalte	Wo liegen die Schwerpunkte, im Training, in der Schulung, in der Information oder in einer Kombination derer.
Budget	Kosten-/ Nutzenanalyse und Aufstellung eines Kostenrahmens.

Tabelle 3.2: Abklärungen vor Erstellung eines Multimedia-Systems

Für die Erstellung eines interaktiven Multimediasystems ist ein sogenanntes Autorensystem notwendig, mit dessen Hilfe umfassende Anwendungen ohne große Programmierkenntnisse zu erstellen sind. Das Bildungszenter CBZS entschied sich für das Autorensystem ToolBook der Asymetrix Corporation USA. Tabelle 3.3 zeigt eine mögliche Hard- und Softwarekonfiguration, sowie die notwendigen Hilfsmittel, für die Durchführung dieses Multimedia-Projekts.

Rechner	80486 / 33 MHz 4 MByte RAM 50 MByte freier Speicherplatz auf Festplatte Maus Tastatur
Monitor	
Grafikkarte	Hohe Auflösung und mindestens 256 Farben
CD-ROM	Laufwerk mit XA-Standard und Multisession-Fähigkeit
Soundkarte	16 Bit Analog-/Digitalwandler, Synthesizer, 16 Bit Digital-/Analogwandler
Frame Grabber	Für die Digitalisierung von Videobildern und Videosequenzen
Software	Windows 3.x COREL Grafik Paket ToolBook Autorensystem
Lautsprecher	

Tabelle 3.3: Mögliche Konfiguration für den Entwickler von CIM-IAB

3.3.3 Das Zusammentragen der verschiedenen Medien

Der Ablauf, die Art der Medien und die Plazierung derer in den Sequenzen wurde in einem Drehbuch festgelegt. Bei der Auswahl der verschiedenen Medien und bei der Erstellung von Texten, Fotografien, Grafiken usw. wurde auf verschiedene Punkte geachtet.

a) Fotografien

Erstmal wird überprüft, ob bereits brauchbare Fotos verfügbar sind. Existieren keine Aufnahmen, so müssen welche erstellt werden. Da dies in großen Betriebsgebäuden aus beleuchtungstechnischen Gründen viel Erfahrung und eine gute Ausrüstung verlangt, bedarf es oft eines professionellen Fotografen. Eine gute Ausrüstung mit professionellen Ausleuchtungsgeräten ist unabdingbar. Um Doppelspurigkeiten zu vermeiden, sollte man überprüfen, ob man auch für andere Module Fotos erstellen kann.

Der Projektleiter muß den Fotografen nach seinen Vorstellungen leiten. Von jedem Motiv werden mehrere Bilder aus verschiedenen Perspektiven gemacht. Die Auswahl der Bilder geschieht zu einem späteren Zeitpunkt, dabei soll eine Person mit Sachkenntnissen miteinbezogen werden. Auf den Bildern soll das gewünschte Objekt eindeutig, klar und scharf erkennbar sein, zudem sollen sich darauf nur wenige oder gar nur einzelne Objekte befinden. Klare Detailaufnahmen sind aussagekräftiger als Aufnahmen mit mehreren Objekten.

Nach der Auswahl der Aufnahmen kommt der Schritt zur Digitalisierung, dazu sind drei Techniken möglich: Übergabe der Negative an die Firma Kodak, die ihrerseits eine Photo-CD herstellt oder die Benutzung eines Dia-Scanners, der auch Negativfilme abtasten kann oder einfach durch Abtastung des Papierbildes mit einem Flachbett-, Durchlauf- oder Handscanner. Die Reihenfolge vorangehender Auflistung ist gleichzeitig eine Rangordnung bezüglich Qualität des digitalen Bildes, wobei die Photo-CD die besten Resultate liefert.

b) Grafiken / Animationen

Nur einfache, klare und verständliche Grafiken und Animationen erfüllen ihren Zweck in einem Trainings-System. Komplexe Grafiken müssen schrittweise aufgebaut und mit Kommentar oder Text unterlegt werden. Animationen hinterlassen den Eindruck, als ob ein Film abläuft oder ein Bild aufgebaut wird.

c) Ton

Für die Aufnahmen im Feld ist ein portables Tonbandgerät mit gutem, leicht zu installierendem Mikrofon nötig. Auf klare, gut verständliche Aufnahmen ohne unerwünschte Nebengeräusche sowie auf klare Aussagen muß unbedingt geachtet werden. Die Aufnahmen sollten fortlaufend kontrolliert werden.

Für Aufnahmen im Tonstudio sind Personen mit akzentfreier und angenehmer Stimme zu wählen. Um die Professionalität zu unterstreichen, können zudem bekannte Stimmen verpflichtet werden. Der gesprochene Text muß klar und verständlich sein.

d) Text

Wenn möglich soll man Textteile immer durch grafische Darstellungen ersetzen oder ergänzen. Zwischen zwei Aussagen gehören deutliche Absätze und längere Textpassagen sollten schrittweise aufgebaut werden. Unnötige Informationen sind zu vermeiden, sie werden vom Gehirn auch ausgewertet und stören somit den Lernfluss. Auch muß vermieden werden, Informationen abzugeben, die im Moment noch nicht verstanden werden. Beim Formulieren von Texten soll die Reihenfolge so gewählt werden, daß sie der Denkweise des Lernenden entspricht. Rückbezüge, welche nicht durch unmittelbares Nachschlagen oder Zurückblättern unterstützt werden können sollen vermieden werden. Die Anweisungen an den Benutzer müssen klar gegeben werden, komplizierte Anweisungen können zudem oft durch einfachere ersetzt werden. Man achte darauf, daß zwischen den Bildern, Kapiteln und Übungen flüssige Überleitungen gemacht werden. Ein Lehr- und Lerndialog soll das Ziel sein und nicht eine Aneinanderreihung von auszufüllenden Masken und Einzelfragen. Richtige Antworten müssen bestätigt und kurz begründet werden.

3.3.4 Das Zusammenfügen der Komponenten

Beim Zusammenfügen der verschiedenen Komponenten wie Ton, Grafik, Text und Animation ist zu beachten, daß die benutzte Software diesen Aufgaben gewachsen ist. Es müssen Schnittstellen vorhanden sein, welche es erlauben, Ton in digitalisierter Form zu übertragen und zu speichern und Grafiken, Realbilder und Videosequenzen einzubauen. D.h. bei Programmen unter Windows muß das Object-Linking and Embedding (OLE) unterstützt sein. Bild, Text und Ton müssen zeitlich aufeinander abgestimmt werden. Im Gegensatz zu Videoaufnahmen werden Daten von interaktiven, multimedialen Lernprogrammen nicht analog, sondern digital gespeichert. Realbilder und Ton benötigen überdurchschnittlich viel Speicherplatz, wo beim Einsatz herkömmlicher Speichermedien schnell Engpässe entstehen können. Um diesem Übel vorzubeugen muß man zu Beginn bereits auf optische Speichermedien setzen, wie z.B. die Compact-Disk. Wenn sämtliche Voraussetzungen für das Zusammenfügen der verschiedenen Komponenten zum Lernmodul erfüllt sind, kann mit dem Programmieren der Anwendung begonnen werden. Das Zusammenfügen braucht eine große Erfahrung und viel Fingerspitzengefühl. Die Abbildungen 3.7 bis 3.11 auf den folgenden Seiten geben ausschnittweise einen Einblick in den Aufbau des Lernmoduls.

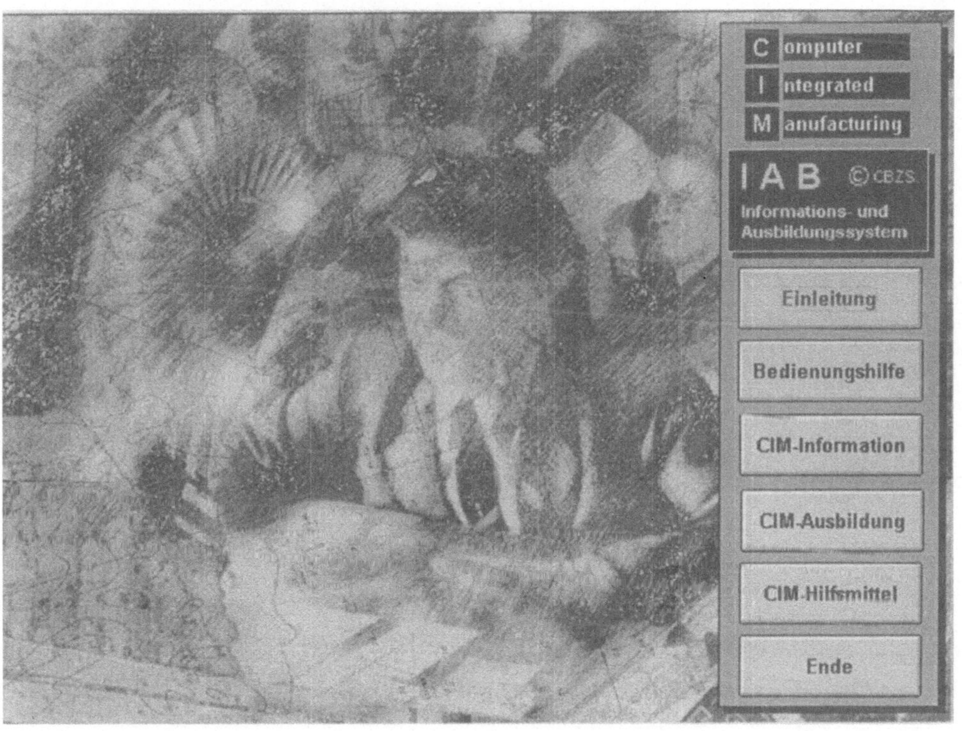

Abb. 3.7:	*Funktion:*	*Hauptmenu für den Einstieg in das Programm CIM-IAB.*
	Knöpfe:	*Über die Knöpfe kann auf die verschiedenen Teilprogramme verzweigt werden. In dem Block CIM-Information sind z.B. Adressen über verschiedenste Institutionen aufgeführt. CIM-Ausbildung ist der eigentliche Trainingsblock, der das Wissen über die Computer Integrierte Fertigung vermittelt. Über den ENDE Knopf kann CIM-IAB verlassen werden.*
	Gesprochener Text:	*Keiner.*
	Animation:	*Keine.*

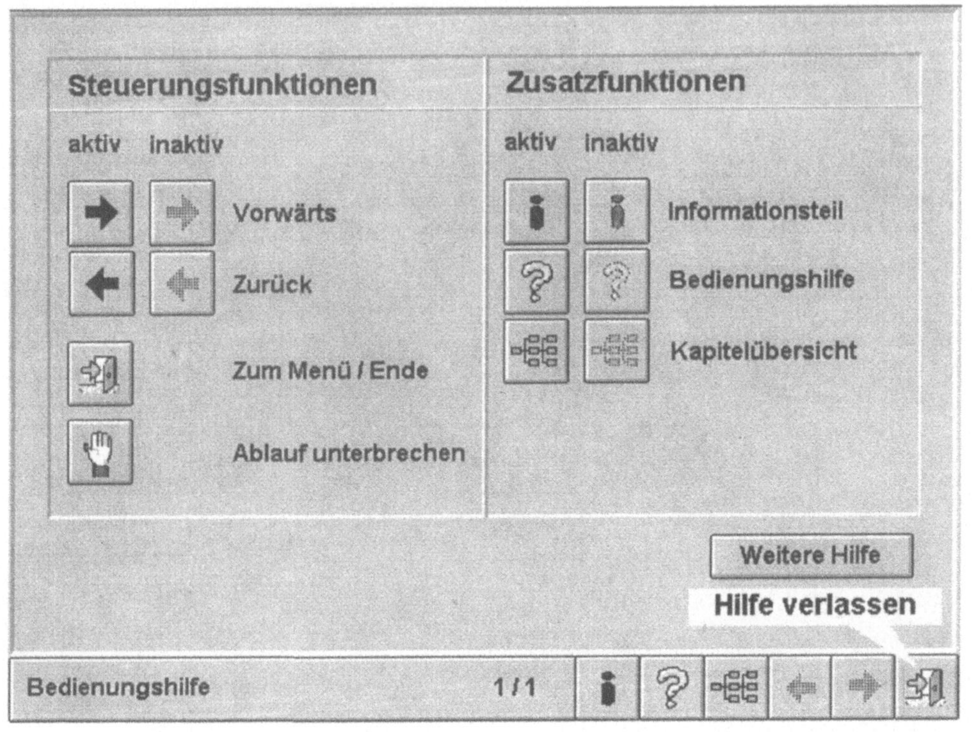

Abb. 3.8:   *Funktion:*   *Bedienungshilfe. Erklärung der Knöpfe, die auf jeder*
                               Seite in der Fusszeile erscheinen. Sie sind in aktivem
                               und in passivem Zustand gezeichnet.

              Knöpfe: *Beschreibung auf der obigen Bildschirmseite. Inaktive*
                               Knöpfe bedeuten soviel, wie daß diese Funktion oder
                               Verzweigung nicht möglich ist. Auf dieser Beispielseite
                               ist Vor- und Rückwärtsblättern nicht möglich, da nur
                               eine einzige Seite vorhanden ist.

              Gesprochener   *Keiner.*
              Text:

              Animation: *Keine.*

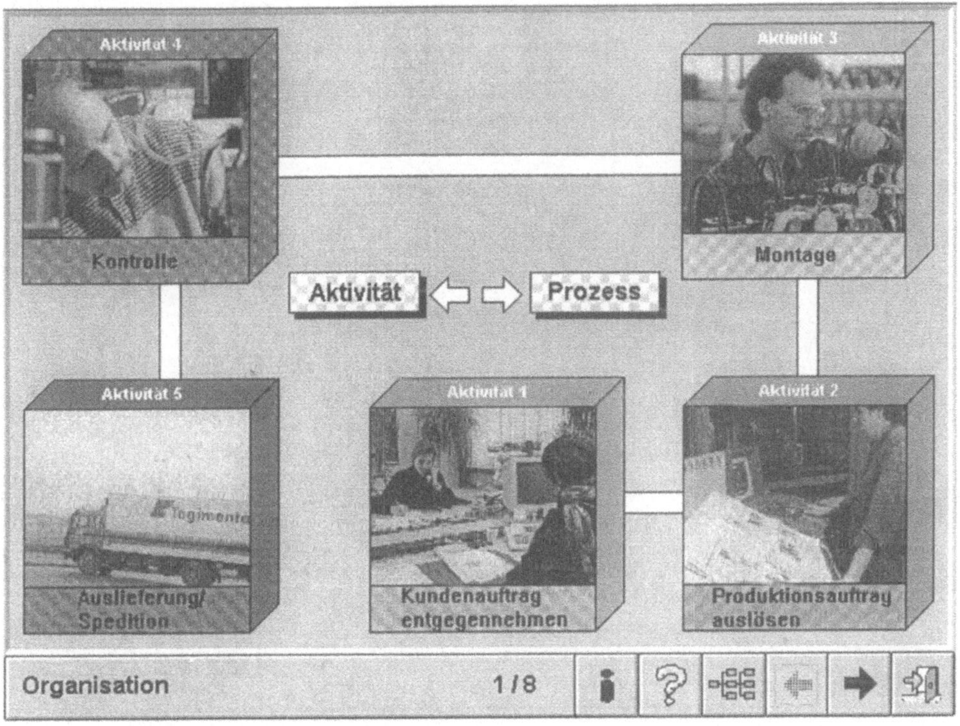

Abb. 3.9:	Funktion:	*Aufzeigen des Auftragsablaufs in der Unternehmung.*
	Knöpfe:	*Standardknöpfe in der Fusszeile.*
	Gesprochener Text:	*Der folgende gesprochene Text ist zusätzlich mit Musik hinterlegt:* *„Die Organisation schafft und sichert das Zusammenspiel der Aktivitäten eines Betriebs. Diese Aktivitäten bezeichnet man auch als Prozesse".*
	Animation:	*Wandernder Pfeil von Aktivität 1 bis Aktivität 5 während des gesprochenen Textes.*

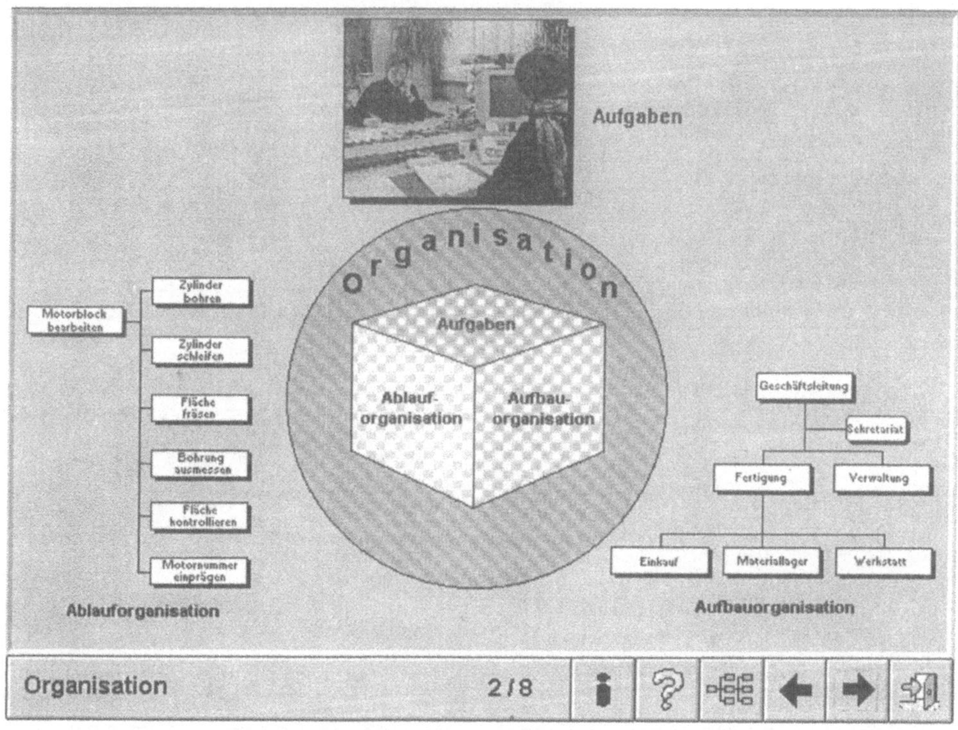

Abb. 3.10:	Funktion:	Anzeige der Aufgaben, Ablauforganisation und Aufbauorganisation eines Unternehmens.
	Knöpfe:	Standardknöpfe in der Fusszeile.
	Gesprochener Text:	Der folgende gesprochene Text ist zusätzlich mit Musik hinterlegt: „Die Organisation besteht aus den drei Grundelementen Aufgaben, Aufbauorganisation und Ablauforganisation. Aufgaben und Prozesse entstehen aus dem Handlungsbedarf zur Erfüllung der Unternehmensziele. In der Aufbauorganisation werden die Aufgaben für Personen zusammengefaßt und somit Stellen gebildet. Die Stellen werden durch Leitungsbeziehungen miteinander verbunden. Die Aufbauorganisation stellt auch Informationen und Sachmittel bereit und richtet Kommunikationsbeziehungen ein".
	Animation:	Keine.

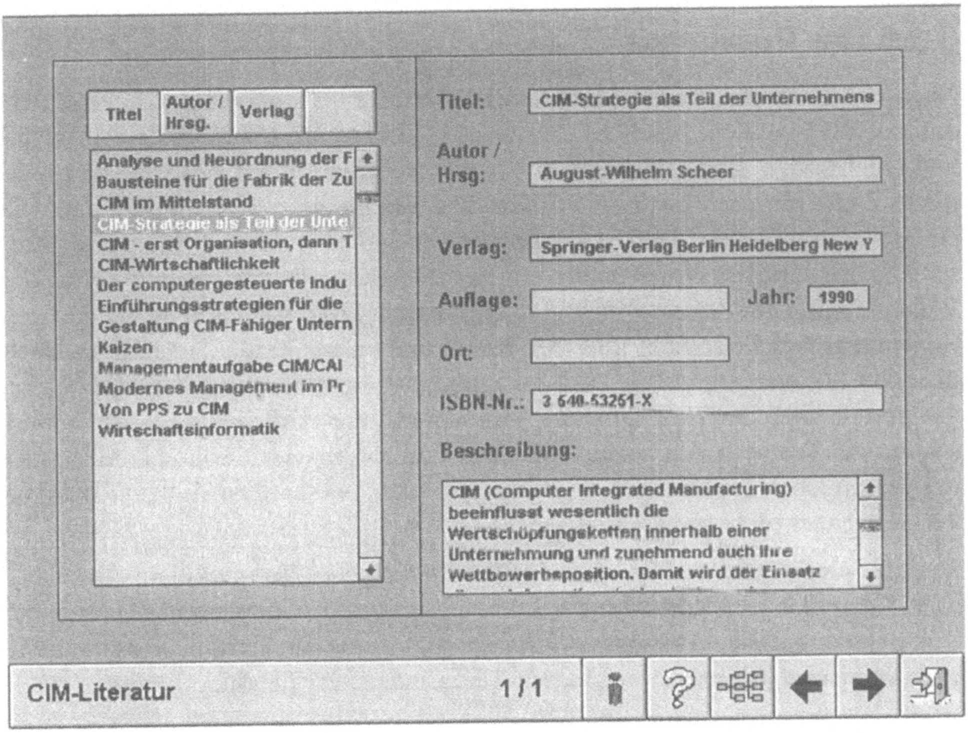

Abb. 3.11: Funktion: *Adressauskünfte über CIM Institutionen und Personen, sowie über Buchtitel, Verlag und Autor.*

Knöpfe: *Standardknöpfe in der Fusszeile.*
Zusätzliche Knöpfe für die Abfrage von Buchtiteln, Autoren, Verlage, Firmen, zuständige Personen usw.

Gesprochener Text: *Keiner.*

Animation: *Keine.*

3.3.5 Der Praxistest

Nach der Erstellung eines Multimedia-Systems muß unbedingt ein Praxistest durchgeführt werden, bevor es die endgültige Fassung erhält. EDV-Anwender und Laien sollen das System testen. Voraussetzungen für den Test sind klar definierte Ziele, ein nach bestimmten Kriterien ausgewähltes Test-Publikum sowie ein Bewertungsbogen. Der Bewertungsbogen hat die Aufgabe, Hinweise, Ratschläge und Kritiken einzufangen, um Verbesserungen am Programm und in der Weiterführung der Arbeit vornehmen zu können. Dafür sind Anhaltspunkte von Bedeutung, welche sowohl über den Inhalt und seine Verständlichkeit, als auch über die Softwareergonomie und Programmhandhabung Aufschluß geben. Da das Lernen auch ein Thema für die Volksschule sein wird, hat man auch Volksschüler als Testpersonen ausgewählt. Ein Fragebogen kann kommentarlos oder mit persönlichen Erklärungen abgegeben werden, bei den Erklärungen darf man den Anwender nicht beeinflussen.

Ideal für einen Praxistest ist ein möglichst heterogenes Testpublikum. Das heißt seine Interessen und Vorbildung sollten vielseitig sein. Computerbegeisterte und Computerverfechter, Auffassungsschnelle und Leute die schwer begreifen, wie auch ältere und jüngere Leute sind als Testpersonen erwünscht.

3.3.6 Perspektiven und Ausblick

Die Erfahrungen am CBZS zeigten, daß kaum jemand an dem Einsatz von Computer-Basierten-Lernsystemen zweifelt. Die Vorteile, wie individuelles Lerntempo, interaktives Steuern, Selbstkontrolle, die Nutzung aller möglichen Ressourcen, machen CBT zu einem Werkzeug, das weit über dem heutigen Schulfernsehen steht. Bei den Testpersonen zeigte sich eine große Akzeptanz, die Bereitschaft mit CBT arbeiten zu wollen war sehr groß. Angst vor Isolation und anonymem Lernen machte sich bei keiner Testperson bemerkbar. Es entsteht jedoch nicht selten das Bedürfnis des Erfahrungsaustausches, was zeigt, daß der Lehrer in Zukunft bestimmt nicht durch CBT wegrationalisiert wird. Ein Computersystem erreicht nie die Interaktivität, welche zwischen Schüler und Lehrer möglich ist, aber trotzdem ist für einen abwechslungsreichen und lebendigen Unterricht CBT als Teil dessen sehr wünschenswert. CBT eignet sich auch nicht für stundenlanges Aufarbeiten eines neuen Stoffes, da der Blick auf den Bildschirm mit der Zeit zu Ermüdung führt. So können kurze Sequenzen, die einen Zusammenhang ersichtlich machen, oder langwierige Lernprozesse durch die neuartige Methode interessanter gestaltet werden. Mit ihnen werden denn auch die CBT-Anwendungen der Zukunft geprägt.

3.4 Wie beginnen?

Mit dem Feuerwerk-Schlussbukett ist die Vorstellung des Multimedia PC beendet. Sie haben nun einige Informationen über dieses faszinierende Thema erhalten. Wo aber beginnen wir nun bei der Anschaffung eines Multimedia Systems?

Sicherlich lohnt sich immer der Gang zum Kiosk, um sich mit Computermagazinen einzudecken. Sie bringen einem stets die neuesten Errungenschaften und die neuesten Trends auf diesem Gebiet näher. Meist genügt es, sich auf die Magazine zu konzentrieren, die ausschließlich über Windows berichten.

Doch als Allererstes sollte man sich die Bedarfsfrage stellen. Für welche Zwecke möchte ich das System einsetzen. Diese Analyse gibt einigen Aufschluß über Qualitätsanforderungen an die Komponenten. Die eingesetzten Komponenten bestimmen letztendlich natürlich auch den Preis. Nach Erstellung dieser Analyse kann begonnen werden die entsprechenden Hard- und Softwareteile auf dem Markt zu suchen. Dabei können Produktetests und Vergleiche in PC-Magazinen einem für die Evaluation sehr behilflich sein. Die Händleradressen sind bei diesen Testberichten in der Regel aufgeführt.

Preisvergleiche lohnen sich fast immer, da die Händler bei der Preisbildung ziemlich frei sind. So kann es auch vorkommen, daß ein Händler z.B. eine gute Bezugsquelle in den USA gefunden hat und damit alle seine Konkurrenten im Preis unterbieten kann. Hat man sich einmal für ein Produkt entschieden, so lohnt es sich ganz gezielt auf dieses Produkt die Tageszeitungen nach günstigen Angeboten zu durchkämmen. Wenn Sie sicher sind, daß die gewählte Konfiguration problemlos in den bestehenden PC integriert werden kann, und die Funktion auch leicht überprüft werden kann, dann können Sie sich auf das günstigste Angebot konzentrieren. Bei gewisser Unsicherheit ist es aber wichtiger eine gute Unterstützung vom Händler zu erhalten, als den letzten Pfennig auszuquetschen. Der Händler wird sicher auch bei der Installation behilflich sein.

Äußerst wichtig ist auch die Feinabstimmung zwischen Hardware und Software, die man gerne einsetzen möchte. Was nützt eine Photo-CD, wenn keine gekaufte Software dieses Format unterstützen kann? Gut aufeinander abgestimmte Komponenten bilden den Multimedia PC der dem Anwender viel Freude und Effizienz bringen wird.

Eines ist ganz sicher, ob für Privatgebrauch oder für Unternehmen, der Multimedia PC ist der Personal Computer der Zukunft. Er wird immer mehr an Bedeutung gewinnen, es ist anzunehmen, daß in wenigen Jahren jeder Personal Computer mit einer minimalen Multimedia-Ausrüstung auf den Markt kommen wird. Allein schon um die steigende Datenmenge der angebotenen Programme zu bewältigen wird es in Zukunft notwendig sein ein CD-ROM Laufwerk einzusetzen. Diese Menge kann man nicht mehr mit den Floppy-Disks handhaben.

4 Aber bitte womit denn?

In diesem Kapitel soll in knapper Form gezeigt werden, welche Mittel für welchen Zweck nötig sind. Für ein schnelles Auffinden der entsprechenden Möglichkeit ist das Kapitel in drei Teile aufgegliedert (Text/Bilder/Sprache und Musik) und bewußt kurz gehalten . In der linken Spalte ist jeweils die Objektquelle (Q) und das Objektziel (Z) angegeben, in der rechten der Weg zur Erreichung des Ziels. Bei der Wegbeschreibung ist jedem Einzelschritt das Symbol „◊" vorangestellt. Die Schritte können sich sowohl auf Hardware wie auch auf Software beziehen.

4.1 Text

Q: Handeingabe
Z: Dokument

◊Tastatur
◊Textbearbeitungsprogramm (z.B. Winword, Word Perfect usw.) oder Desktop Publishing Programm (z.B. Ventura Publisher, PageMaker usw.)

Q: Text auf Papier (maschinengeschrieben)
Z: Dokument

◊Handscanner, Durchlaufscanner oder Flachbettscanner
◊Texterkennungsprogramm OCR (z.B. Catchword, OmniPage, ProLector usw.)
◊Textbearbeitungsprogramm (z.B. Winword, Word Perfect usw.) oder Desktop Publishing Programm (z.B. Ventura Publisher, PageMaker usw.) für Korrekturen und Ergänzungen

Q: Faxmeldung
Z: Dokument

◊Fax-Modem
◊Texterkennungsprogramm OCR (z.B. Catchword, OmniPage, ProLector usw.)
◊Textbearbeitungsprogramm (z.B. Winword, Word Perfect usw.) oder Desktop Publishing Programm (z.B. Ventura Publisher, PageMaker usw.) für Korrekturen und Ergänzungen

Q: Text aus anderen Dokumenten
Z: Dokument

◊Unter Windows über Zwischenablage, sonst über partielles Speichern von Textblöcken und Einfügen der Datei in das neue Dokument

Q: Spracheingabe
Z: Dokument

◊Spracherkennnungssystem
◊Textbearbeitungsprogramm (z.B. Winword, Word Perfect usw.) oder Desktop Publishing Programm (z.B. Ventura Publisher, PageMaker usw.) für Korrekturen und Ergänzungen

Leider ist die Spracherkennung heute erst möglich für die Befehlseingabe, nicht aber für beliebige Texteingabe. Die Zeit wird aber kommen, in der auch das zu einem vernünftigen Preis möglich sein wird.

4.2 Bilder

Q: Bilder aus bestehenden Dokumenten
Z: Dokument

◊Unter Windows über Zwischenablage, sonst durch separates Speichern des Bildes und anschließendes Einfügen in Applikation

Q: Neuerstellung
Z: Dokument oder Festplatte

◊Grafikprogramm (z.B. Corel Draw, Paintbrush, Autocad, Harward Graphics usw.) mit Speicherung in gewünschtem Bildspeicherformat (z.B. BMP/TIF/CDR usw.)
◊Einfügen in Applikation

Q: CD-ROM
(Format: BMP/TIF usw.)
Z: Dokument oder Festplatte

◊CD-ROM Laufwerk
◊Ergänzungen und Korrekturen mit entsprechender Bildbearbeitungs-Software (z.B. Corel PhotoPaint, Logitech Fototouch usw.)
◊Exportieren, speichern auf Festplatte oder Einfügen in Applikation

Q: Photo-CD
(Digitalsignal, PCD-Format)
Z: Dokument oder Festplatte

◊CD-ROM/XA Multisession Laufwerk
◊Kodak Photo-CD Access Software oder Grafik-Programm, das Photo-CD unterstützt (z.B. Corel Mosaik)
◊Ergänzungen und Korrekturen mit entsprechender Bildbearbeitungs-Software (z.B. Corel PhotoPaint, Logitech Fototouch usw.)
◊Exportieren, Speichern auf Festplatte oder Einfügen in Applikation

Q: Papierbild
Z: Dokument oder Festplatte

◊Handscanner, Durchlaufscanner oder Flachbettscanner mit Speicherung in gewünschtem Bildspeicherformat (z.B. BMP, TIF usw.)
◊Ergänzungen und Korrekturen mit entsprechender Bildbearbeitungs-Software (z.B. Corel PhotoPaint, Logitech Fototouch usw.)
◊Exportieren, Speichern oder Einfügen in Applikation

Q: 35 mm Negativfilm oder Dia-Positiv
Z: Dokument oder Festplatte

◊Kodak Photo-CD erstellen lassen, Weiterverarbeitung (siehe Photo-CD) oder Einsatz eines Dia-Scanners mit Speicherung in gewünschtem Bildspeicherformat (BMP, TIF usw.)
◊Ergänzungen und Korrekturen mit entsprechender Bildbearbeitungs-Software (z.B. Corel PhotoPaint, Logitech Fototouch usw.)
◊Exportieren, Speichern auf Festplatte oder Einfügen in Applikation

Q: Bild ab Video Kamera oder Video Recorder **Z**: Dokument oder Festplatte	◊Frame Grabber oder Video Capture Einschubkarte mit zugehöriger Software, Speicherung in gewünschtem Bildspeicherformat (z.B. BMP, TIF usw.) ◊Ergänzungen und Korrekturen mit entsprechender Bildbearbeitungs-Software (z.B. Corel PhotoPaint, Logitech Fototouch usw.) ◊Exportieren, Speichern auf Festplatte oder Einfügen in Applikation
Q: Still Video Kamera **Z**: Dokument oder Festplatte	◊Entsprechende Hard- und Software für das Auslesen der Kameradaten und Einlesen der Informationen in den PC, anschließendes Speichern in gewünschtem Bildspeicherformat (z.B. BMP, TIF usw.). Die Kamera wird in der Regel über einen Spezialadapter an der seriellen Schnittstelle des PC angeschlossen ◊Ergänzungen und Korrekturen mit entsprechender Bildbearbeitungs-Software (z.B. Corel PhotoPaint, Logitech Fototouch usw.) ◊Exportieren, Speichern auf Festplatte oder Einfügen in Applikation
Q: Video ab Video Kamera oder Video Recorder **Z**: Dokument oder Festplatte	◊Frame Grabber oder Video Capture Einschubkarte ◊Software für Videoaufnahmen, (z.B. Video for Windows von Microsoft), Speicherung in entsprechendem Videoformat (z.B. AVI) ◊„Schneiden" des Filmes mit Hilfe eines Video-Editors (z.B. VidEdit von MS), Speicherung in entsprechendem Videoformat (z.B. AVI)
Q: Video ab Festplatte (AVI-Format) **Z**: Bildschirm oder Dokument	◊Abspielen über Media-Player in Windows oder Einbinden in Applikation (Einfügen Media-Clip) ◊Bildschirm oder Dokument

4.3 Sprache und Musik

Q: Audio CD
(Digitalsignal)
Z: Lautsprecher oder
Kopfhörer
(Analogsignal)

◊CD-ROM Laufwerk inkl. Treibersoftware
◊Digital- / Analogwandlung in dem CD-ROM Laufwerk
◊Verstärker (Soundkarte oder HiFi-Anlage) oder an Kopfhörer direkt ab Kopfhörerbuchse an dem CD-ROM Laufwerk

Q: Audio CD
(Digitalsignal)
Z: Festplatte oder Dokument
(Digitalsignal)

◊CD-ROM Laufwerk inkl. Treibersoftware
◊Digital- / Analogwandlung in dem CD-ROM Laufwerk
◊Soundkarte (CD-ROM Audio Anschluß)
◊Analog- / Digitalwandlung auf Soundkarte
◊Sampling Software für Soundkarte
◊Speicherung des digitalen Signals (WAV-Format) auf Festplatte oder Einbindung in ein Dokument

Q: HiFi-Anlage
(Analogsignal)
Z: Festplatte oder Dokument
(Digitalsignal)

◊Soundkarte (Line In Anschluß)
◊Analog- / Digitalwandlung auf Soundkarte
◊Sampling Software für Soundkarte
◊Speicherung des digitalen Signals (WAV-Format) auf Festplatte oder Einbindung in ein Dokument

Q: Mikrofon
(Analogsignal)
Z: Festplatte oder Dokument
(Digitalsignal)

◊Soundkarte (Mikrofon Anschluß)
◊Analog- / Digitalwandlung auf Soundkarte
◊Sampling Software für Soundkarte
◊Speicherung des digitalen Signals (WAV-Format) auf Festplatte oder Einbindung in ein Dokument

Q: CD-ROM Disk
(Digitalsignal, WAV-Format)
Z: Dokument

◊CD-ROM Laufwerk inklusive Treibersoftware
◊Einbinden in ein Dokument über Zwischenablage oder durch Einfügen eines Objekts

Q: CD-ROM Disk
(Digitalsignal, WAV-Format)
Z: Lautsprecher oder HiFi-
Anlage
(Analogsignal)

◊CD-ROM Laufwerk inklusive Treibersoftware
◊Media Player unter Windows für die Kontrolle des Abspielens
◊Digital- / Analogwandlung auf Soundkarte.
◊Soundkarte (Verstärker- oder Lautsprecheranschluss)
◊HiFi-Anlage oder Lautsprecher

Q: Festplatte
(Digitalsignal, WAV-Format)
Z: Dokument
(Digitalsignal, WAV-Format)

◊Einbinden in ein Dokument über Zwischenablage oder durch Einfügen eines Objekts

Q: Festplatte
(Digitalsignal, WAV-Format)
Z: Lautsprecher oder HiFi-
Anlage
(Analogsignal)

◊Media Player unter Windows für die Kontrolle des Abspielens
◊Digital- / Analogwandlung auf Soundkarte
◊Soundkarte (Verstärker- oder Lautsprecheranschluss)
◊HiFi-Anlage oder Lautsprecher

Q: MIDI-Gerät, z.B. Keyboard
(Digitalsignal, MIDI-Format)
Z: Festplatte oder Dokument
(Digitalsignal, MIDI-Format)

◊MIDI-Interface-Karte für PC
◊MIDI Editiersoftware für etwelche Änderungen
◊Abspeicherung auf Festplatte oder Einbinden in ein Dokument

Q: MIDI-Datei auf Festplatte
(Digitalsignal, MIDI-Format)
Z: Lautsprecher

◊Media Player unter Windows für die Kontrolle des Abspielens
◊Synthetische Tonerzeugung auf Soundkarte
◊Soundkarte (Verstärker- oder Lautsprecheranschluss)
◊HiFi-Anlage oder Lautsprecher

5 Die Begriffskiste (Glossar)

A

Access Time

Auch Zugriffsgeschwindigkeit. Die Zeit, die bei einem Datenspeicher (CD-ROM, Festplatte etc.) zwischen der Datenanfrage und dem Auffinden der Daten erforderlich ist. Die Zeit wird in Millisekunden (ms) angegeben und ist hauptsächlich von der Elektromechanik abhängig.

ADC

(Analog Digital Converter) Wird benutzt, um analoge Signale in digitale Form zu wandeln. Die Genauigkeit hängt ab von der Datenbreite (Anzahl Bits) und der Sampling Rate. In dem Multimedia-PC ist z.B. ein Analog-/Digitalwandler auf der Soundkarte untergebracht, um Samplings zu erstellen.

Aftertouch

Tastatur, welche die Anschlagstärke mißt und dem Signal die entsprechende Amplitude zuweist. Ihre Anwendung findet man bei einem Musik-Keyboard.

Akteur

Bei Animationen die Summe aller Einzelbilder, die ein bewegtes Objekt ergeben.

Amplitude

Lautstärke eines Tons, oder Größe eines Analog- oder Digitalsignals.

Animation

Ähnlich der Trickfilmtechnik; Aneinanderreihen von Grafiken oder Skizzen zu einer ablaufenden Sequenz.

ANSI

(American National Standards Institute) Amerikanische Normengesellschaft, die Normen für die Datenverarbeitung festlegt.

ASCII

(American Standard Code for Information Interchange) ist ein Standardcode, eingeführt um eine Kompatibilität bei der Speicherung und Darstellung von Charaktern und Symbolen auf dem Computer zu erreichen.

Auflösung	Anzahl Bildpunkte (Pixel), die auf dem Monitor horizontal und vertikal dargestellt werden können. Typisch sind Auflösungen von 640 x 480, 800 x 600 oder 1024 x 768 Pixeln.
Autorensysteme	Software-Tool zur Erstellung einer interaktiven Multimedia-Anwendung. Programmierkenntnisse sind nicht erforderlich.
Auto-Stitch	Begriff aus der Welt der Handscanner. Die begrenzte Breite eines Handscanners von etwa 10 cm erfordert bei großen Bildern ein Einlesen in zwei oder mehr Schritten. Mit dem Auto-Stitch werden die Bildstreifen automatisch zu einem einzigen Bild zusammengefügt.
AVI	(Audio Video Interleaved) Ein File Format für die Speicherung von digitalen Videos unter Windows. AVI-Dateien enthalten Audio- und Video-Informationen, die durch Windows-kompatible Hard- und Software manipuliert werden können.

B

Bandbreite	Das Frequenzspektrum eines elektrischen Signals. Die Videobandbreite ist maßgebend für die Schärfe, in der Bildpunkte abgebildet werden können.
Betriebssystem	Siehe DOS
Bildplatte	Aufzeichnungsmedium für stehende Bilder oder Bewegt-Sequenzen. Die Daten werden analog aufgezeichnet, zusätzlich kann auch Toninformation in digital und stereo aufgezeichnet werden. Die Bildplatte hat einen Durchmesser von 12 Zoll (30 cm).
Bildwiederhol-frequenz	Anzahl Bildaufbauvorgänge pro Sekunde, gemessen in Hertz (Hz). Je höher die Bildwiederholfrequenz, umso weniger flimmert das Bild. Üblich sind Bildwiederholfrequenzen von 50 Hz interlaced (Standard-Fernseher) bis 75 Hz non interlaced.

BIOS	(<u>B</u>asic <u>I</u>nput <u>O</u>utput <u>S</u>ystem), minimalste Grundsoftware eines PCs, damit der Prozessor mit seiner Peripherie Daten austauschen kann.
Bit	(<u>B</u>inary di<u>git</u>) Ein einzelnes Digit des binären Systems. Kleinste Einheit, die ein Computer verarbeiten kann. Es kann den Wert „0" oder „1" annehmen.
BMP	File Format von Microsoft Paintbrush. Es ist ein Standard unter Windows und OS/2.
BNC	Ein Drehstecker, der oft für Videokabel verwendet wird. Video-Ausgänge haben entweder BNC- oder Cinch-Stekker.
Byte	Zusammenfassung von 8 einzelnen Digits (Bits) eines binären Systems. Als Einheit ergeben die 8 Bits ein Computerwort.

C

Cache Memory	Ein Speicher zur Erhöhung der Rechnergeschwindigkeit. Daten, die von einem Programm oft im Gebrauch sind, werden im schnellen Cache-Speicher gelagert. Damit müssen die Daten nicht auf die langsamere Festplatte ausgelagert werden.
Caddy	Spezielle Träger für CD-ROMs. Laufwerke einiger Hersteller benötigen Caddies für die Führung des Datenträgers.
CAL	(<u>C</u>omputer <u>A</u>ssisted <u>L</u>earning) Siehe CBT.
CBT	(<u>C</u>omputer <u>B</u>ased <u>T</u>raining) Ist die einfache und anschauliche Weise Wissen zu vermitteln mit Hilfe eines Computerprogramms.
CCD	(<u>C</u>harge-<u>C</u>oupled-<u>D</u>evice) Ist ein lichtempfindlicher Halbleiter, z.B. in Still-Video-Kameras, der das durch die Optik aufgenommene Bild in elektrische Signale wandelt.
CD	(<u>C</u>ompact <u>D</u>isk) Optische Disk, entwickelt für die digitale Speicherung von Tonsignalen.

CD-I	(Compact Disk - Interactive) Multimedia-System, entwikkelt von Philips. Der Anwender benötigt nur ein intelligentes CD Laufwerk, das einem Videorecorder ähnelt und das an dem Heimfernseher angeschlossen wird. Die Bedienung erfolgt über eine Fernbedienung mit Joystick. In dem CD Laufwerk ist ein Betriebssystem untergebracht, das die CD-I Disks lesen kann.
CDR	Vektorformat für die Speicherung von Grafiken aus dem Programm COREL *DRAW*.
CD-ROM	(Compact Disk - Read Only Memory) Optische Disk, 12 cm Durchmesser, für die Speicherung von vielfältigen Daten für den Computersektor. Die Disk kann gewöhnlich nur bespielt erworben und kann nur gelesen werden.
CD-ROM XA	(Compact Disk - Read Only Memory eXtended Architecture) Eine erweiterte Architektur, welche zum Teil nötig ist, um spezielle CD-ROM Disks abzufragen, wie z.B. die Photo CD von Kodak.
CDTV	(Commodore Dynamic Total Vision) Compact-Disk System von Commodore, verwandt mit der CD-ROM-XA. Der Datenzugriff erfolgt über das Amiga Betriebssystem.
CGA	(Color Graphics Adapter), Standard für Bildschirm-Kontroller-Karten.
CGM	(Computer Graphic Metafile Format) Grafikformat, das 1987 international standardisiert wurde (ISO 8662). Es erlaubt den Austausch von Grafiken zwischen verschiedenen Rechnern.
Chrominanz	Anteil eines Video-Signals der die Werte für Farbton und Sättigung enthält.
CIM	(Computer Integrated Manufacturing) Begriff der Computer integrierten Fertigung in einem Produktionsbetrieb.
Codec	(Compression / Decompression) Bezeichnung für das Komprimieren und Entkomprimieren von Daten.
Colour Keying	Technik für Videoeffekte. Bei Animationen werden Flächen eines Vordergrundfarbtons durch das Hintergrundbild ersetzt.

Composite-Video	Video-Signal, in dem alle Bildinformationen in einem einzigen Signal zusammengefaßt sind (siehe auch FBAS).
CPU	(Central Processing Unit) siehe Zentraleinheit.

D

DAC	(Digital Analog Converter) Hardware, die ein Digitalsignal das z.B. von der Festplatte kommt, in ein Analogsignal wandeln kann. In einem Multimedia-PC ist auf der Soundkarte ein Digital-/ Analogwandler vorhanden.
DAT	(Digital Audio Tape) Weltweiter Standard zur digitalen Aufzeichnung von Tondaten.
DDE	(Dynamic Data Exchange) Programmeigenschaft, mit der in Echtzeit Daten importiert und exportiert werden können.
Desktop-Publishing	Verfahren für Personal Computer, um Text und grafische Elemente in einem Dokument zu verschmelzen.
Diskette	Datenträger auf magnetischer Basis, als wechselbare Einheiten in PCs benutzt.
DLL	(Dynamic Link Library) Dateien enthalten Funktionen in bereits übersetztem Programmcode. Software, die DLLs einbinden kann, hat Zugriff auf den von Windows benutzten Befehlsvorrat.
DMA	(Direct Memory Access) Direkter Speicherzugriff einer Hardware, die Daten verarbeiten muß, ohne Umweg über die Zentraleinheit. Muß z.B. ein Bild auf dem Monitor erscheinen so kann die Grafik-Karte die Daten direkt von der Festplatte holen, ohne daß sie durch die Zentraleinheit geschleust werden müssen. Bei DMA-fähigen Karten kann man den DMA-Kanal in der Regel anwählen.
DOS	(Disk Operating System) Das Betriebssystem eines Computers, die unterste Softwareebene, deren Aufgabe die Verwaltung von Ressourcen ist, so daß alle Programme diese Ressourcen finden und richtig nutzen können.

Dot Pitch	Der Punktabstand einer Fernseher- oder Monitor-Bildröhre. Je feiner die Lochmaske der Bildröhre ist, umso schärfer kann das Bild ausgetastet werden. Für Computermonitore hat sich mittlerweile ein Abstand von 0.28 mm eingebürgert.
dpi	(Dots Per Inch) Angabe über die Auflösung eines Gerätes in Punkten pro Zoll, die beispielsweise ein Drucker in der Lage ist aufs Papier zu bringen.
DRAM	(Dynamic Random Access Memory) Speicherbaustein der beliebig oft beschrieben und gelesen werden kann. Die Daten dynamischer RAMs müssen dauernd aufgefrischt werden, damit sie nicht verloren gehen, dies bedingt eine spezielle Logik. Vorteilhaft gegenüber statischen RAMs (SRAM) sind die kleineren Abmessungen einer Speicherzelle, dadurch ist eine viel höhere Kapazität mit gleicher Chipfläche möglich. DRAMs werden für den Arbeitsspeicher des PCs eingesetzt (auf SIP und SIMM).
DRW	Speicherformat, durch die Firma Micrografx für die Grafikpakete *Designer, Windows Graph, Charisma* usw. entwickelt.
DVI	(Digital Video Interactive) Ein von Intel entwickeltes Verfahren zur hardwareunterstützten Kompression von digitalen Videos.
DV-MCI	Siehe MCI.
DXF	(AutoCAD Drawing Exchange Format) Ein von der Firma Autodesk eingeführtes Format zum Datenaustausch mit Fremdprogrammen.

E

Echtfarben	Siehe True-Color.

EEPROM	(Electrically Erasable Programmable Read Only Memory) Speicherbaustein, der durch den Anwender mit einem Programmiergerät beschrieben werden kann. Einmal beschrieben können die Daten nicht mehr verändert, jedoch beliebig oft ausgelesen werden. EEPROMs können mit Hilfe eines elektrischen Signals wieder gelöscht und neuprogrammiert werden. EEPROMs werden in Speicherkarten benutzt.
EGA	(Enhanced Graphics Adapter), Standard für Bildschirm-Kontroller-Karten.
ELF	(Extreme Low Frequency) Bezeichnet generell den Frequenzbereich von 5 Hz bis 2 kHz. Dieser Frequenzbereich hat Bedeutung bei der Strahlung von Monitoren, sie rühren vom Netztrafo (50 Hz) und Bildablenkspule (50-90 Hz) her.
EMS	(Extended Memory Specification), Spezifikation der Firmen Lotus, Intel und Microsoft, die aussagt, wie auf Erweiterungsspeicher zugegriffen werden kann.
ENG	Weltstandard für Elektronische Bildberichterstattung. Hat vor allem große Bedeutung für Fernsehanstalten.
EPROM	(Erasable Programmable Read Only Memory) Speicherbaustein der durch den Anwender, mit einem Programmiergerät, beschrieben werden kann. Einmal beschrieben können die Daten nicht mehr verändert, jedoch beliebig oft ausgelesen werden. EPROMs können mit Hilfe von Ultraviolett-Licht wieder gelöscht und neuprogrammiert werden. EPROMs werden in Speicherkarten benutzt oder zum Teil für das Boot-Programm des PCs.
EPS	(Encapsulated PostScript) Speicherformat, das sowohl für Bitmaps als auch für Vektor-Bilder Anwendung findet. Es ist eine druckerunabhängige Beschreibungssprache, von der Firma Adobe entwickelt, die sich als Standard durchgesetzt hat.
ESDI	(Enhanced Small Device Interface) Schnittstellen-System für Festplatten und deren Kontroller.

F

Farbpalette   Zahl der Farben, die in einem Grafiksystem erzeugt wer-
                     den können.

Farbtiefe   Die Anzahl Bits, mit denen die Farbinformation eines ein-
                     zelnen Pixels beschrieben wird. Bei 8 Bit Farbtiefe steht
                     eine Farbpalette von 256 Farben zur Verfügung, bei 24
                     Bit sind es rund 16 Mio Farben, was als True-Color be-
                     zeichnet wird und für die professionelle Darstellung von
                     Videobildern auf dem Monitor unerläßlich ist.

FBAS   Vollständiges Signal des Farbfernsehbildes. F = Farbsi-
                     gnal, B = Bildsignal, A = Austastsignal, S = Synchronsi-
                     gnal. Dieses Signal wird in den meisten Fällen als Com-
                     posite-Video-Signal bezeichnet.

Festplatte   Im Computer fest eingebauter Massenspeicher. Die Disks
                     können nicht ausgewechselt werden wie z.B. bei Floppy
                     Disketten.

FMV   (Full Motion Video) Bezeichnung für bildschirmfüllendes
                     digitales Video auf Compact-Disk.

fps   (Frames per second) Anzahl Videobilder pro Sekunde,
                     die in einer Videosequenz ablaufen.

Frames   Einzelne Videobilder in der Videotechnik. Bei Videose-
                     quenzen ist es die kleinstmögliche Einheit

Frame-Grabber   Hardware-Karte zur Bilddigitalisierung auf dem PC ab
                     Video-Signal. Mit entsprechender Software (z.B. MS-
                     Video) können auch Videosequenzen digitalisiert werden.
                     Gelegentlich begegnet man auch der Bezeichnung „Video
                     Capture Board"

G

GAN   (Global Area Network) Netzwerke, welche die ganze Er-
                     de umspannen, z.B. über Satelliten. Die Datenübertra-
                     gungsrate reicht bis zu 2 GigaBit pro Sekunde.

GEM	Metafile-Format, das die Objekte eines Bildes beschreibt (Kreis, Rechteck, Linie, Text). Zudem werden auch die Eigenschaften des Objekts festgehalten (Farbe, Linienbreite, Schrifttypen usw.).
Genlocking	Genlock steht für Synchronization Generator Lock. Dieses Verfahren erlaubt es einem Videosystem, sein Timing-Signal an ein externes Timing-Signal anzugleichen. Auf diese Weise kann ein Signal über ein anderes gelegt oder mit ihm kombiniert werden, kurz gesagt, zwei Videobilder lassen sich mischen.
GIF	(Graphics Interchange Format) Durch die Firma CompuServe definiertes Format. Es dient zum Austausch von Grafikdaten über Mailboxen. Das Grafikformat ist hardwareunabhängig.
GUI	(Graphical User Interface) Mensch-Maschinen-Interface, basierend auf grafischen Möglichkeiten für die Bedienung eines Computers (z.B. Windows von Microsoft). Die Befehle sind mittels Symbolen grafisch dargestellt und können mit der Maus abgesetzt werden.

H

Halbbildverfahren	Siehe Interlaced
Hard disk	Siehe Festplatte.
HDTV	(High Definition Television) ist eine moderne Fernsehnorm mit verbesserter Bildqualität und einem Seitenverhältnis des Bildes von 16:9. Die Bildauflösung beträgt 1125 Zeilen und 60 Hz Bildwiederholfrequenz respektive 1250 Zeilen und 50 Hz, je nach Land.
HDVS	(High Definition Video System) Video Aufnahme-System für die neue Fernsehnorm HDTV, siehe auch HDTV.

Hi8   Verbesserter Standard für das Video8 System. Im Gegensatz zum Composite-Video-Signal wird die Helligkeit (Luminanz) von der Farbinformation (Chrominanz) getrennt übertragen, die Horizontalauflösung beträgt 400 Zeilen.

Horizontalfrequenz   Siehe Zeilenfrequenz.

HPGL   (Hewlett Packard Graphic Language) Das Grafik-Ausgabeformat, das von der Firma Hewlett Packard zur Ansteuerung ihrer Plotter definiert wurde.

Hypertext   Eine Methode der Informationsverarbeitung, bei der Objekte (Text, Bild, Ton, Video, Animation) als Knoten eines Netzwerks gespeichert werden. Der abgefragte Gesamttext unterteilt sich in Einheiten die im Netzwerk verbunden sind. Der Anwender kann sich durch die Einheiten mit Hilfe einer Benutzernavigation durcharbeiten.

Hz   (Hertz) Maßeinheit für Frequenz, gibt die Anzahl Schwingungen pro Sekunde an.

I

IC   (Integrated Circuit) Integrierter Schaltkreis, wie z.B. der Prozessor des PCs.

ICR   (Intelligent Character Recognition) Optische Zeichenerkennung. Texte, die als Rastergrafik vorliegen, können mittels ICR in ein Format gewandelt werden, das von einem Textverarbeitungsprogramm erkannt wird. (siehe auch Texterkennung).

IDE   (Intelligent Disk Electronics) Schnittstellen-System für Festplatten und deren Kontroller.

Interaktiv   Interaktiv heißt, dem Anwender ist es möglich, in den Programmablauf einzugreifen und das Geschehen am Bildschirm nach seinen Vorstellungen zu beeinflussen.

Interlaced	Verfahren zum Bildaufbau. Das Bild wird in zwei Halbbilder aufgeteilt, erst werden alle geraden Zeilen, dann alle ungeraden auf dem Bildschirm aufgezeichnet. Die zwei Halbbilder werden somit ineinander verschachtelt. Dieses Verfahren erlaubt auch bei nicht so geschwindigkeitsstarken Monitoren eine zufriedenstellende Bildwiederholfrequenz und somit die Flimmerfreiheit zu erreichen. Bei der PAL-Fernsehnorm wird ebenfalls dieses Verfahren angewendet.
ISDN	(Integrated Services Digital Network) Volldigitalisiertes internationales Fernmeldenetz.
ISO	Internationale Normengesellschaft. Mit einer Zahl versehen wird unter anderem die Filmempfindlichkeit bei 35 mm Filmen bezeichnet. Die gleiche Maßeinheit hat auch bei Still-Video Kameras gültigkeit.

J

JPEG	(Joint Photographic Experts Group) Standard für die Kompression von Bilddaten. Die Daten werden nach einem entwickelten Algorithmus speicheroptimal komprimiert.

K

kHz	(Kilo Hertz) Maßeinheit für die Frequenz. Gibt die Anzahl Schwingungen pro Sekunde in Tausend an.

L

LAN	(Local Area Network) Ein Netzwerk für den Computerverbund bei kleinen Distanzen, z.B. in einem Gebäude oder Büro.
Luminanz	Helligkeitsanteil eines Video-Signals.

LCD   (Liquid Crystal Display) Flüssigkristallanzeige, wird bei
               portablen, batteriebetriebenen Personal-Computern als
               Monitor benutzt. Der Vorteil dieser Anzeigetechnik ist
               der geringe Stromverbrauch. Eine weitere Anwendung
               finden die LCDs als Aufsatz für Hellraumprojektoren, um
               Monitorinhalte einem größeren Publikum zugänglich zu
               machen.

M

MAN   (Metropolitan Area Network) Ein Netzwerk für weitere
               Distanzen, z.B. Europa. Die Datenübertragungsrate reicht
               bis zu 155 MBit pro Sekunde.

MCGA   (Multi Colour Graphics Adapter) Standard für Bild-
               schirm-Kontroller-Karten.

MCI   (Media Control Interface) Die standardisierte Windows-
               Multimedia-Schnittstelle. Sie erlaubt allen Windows-
               kompatiblen Applikations-Programmen die große Vielfalt
               von Multimedia-Geräten zu kontrollieren, wie z.B. CD-
               ROM- Audio- und Animationsplayer. Das Digital-Video-
               MCI (DV-MCI) Kommando-Set, entwickelt von Intel und
               Microsoft, unterstützen Digital-Video-Computing.

MDA   (Monochrome Display Adapter) Standard für Bildschirm-
               Kontroller-Karten.

MFM   (Modified Frequency Modulation) Schnittstellen-System
               für Festplatten und deren Kontroller.

MIDI   (Musical Instrument Digital Interface) Ist ein Standard
               seit 1983, entwickelt von Herstellern von Musik-Instru-
               menten. Er erlaubt die Anschlusskompatibilität aller mit
               MIDI ausgerüsteten Musik-Geräte für den Datenaus-
               tausch und die Nutzung der Möglichkeiten.

MIPS   (Million Instructions Per Second) Ein Maß für die Prozes-
               sorstärke. Es gibt die Anzahl Operationen an, die eine
               Zentraleinheit pro Sekunde verarbeiten kann, und zwar in
               Millionen.

Modem	(<u>Mo</u>dulator/<u>Dem</u>odulator) Der Modulator wandelt digitale Daten in einen seriellen Datenfluss, der über die Telefonleitung übertragen werden kann. Der Demodulator ist für die Rückwandlung zuständig, so daß beim Empfänger wieder die gleichen digitalen Daten vorliegen wie beim Absender.
MO-Disk	(<u>M</u>agneto <u>O</u>ptical) Magneto-optische Disks für die Aufzeichnung von Daten. Die Disks sind Wechselplatten (wie z.B. Floppy Disketten). Die Kapazitäten reichen pro Disk bis ein paar hundert MByte.
Motherboard	Hauptplatine des PCs, auf der Prozessor, Arbeitsspeicher und die Sockel für die Erweiterungskarten untergebracht sind.
MPC	(<u>M</u>ultimedia <u>P</u>ersonal <u>C</u>omputer) Die Spezifikation listet die Konfiguration auf, die für einen Multimedia PC mindestens nötig ist.
MPEG	(<u>M</u>otion <u>P</u>icture <u>E</u>xpert <u>G</u>roup) Ein Komprimieralgorithmus für die Speicheroptimierung der Daten einer Videosequenz.
MS-DOS	(<u>M</u>icro<u>s</u>oft - <u>D</u>isk <u>O</u>perating <u>S</u>ystem) ein weltweiter Betriebssystem-Standard für Personal Computers.
MTBF	(<u>M</u>ean <u>T</u>ime <u>B</u>etween <u>F</u>ailure) Ein Wert für die Betriebssicherheit und Lebensdauer eines Gerätes, z.B. einer Festplatte. Es gibt die minimale Anzahl Stunden an, bis frühestens ein Fehler auftreten kann.
Multimedia-PC	Personal Computer System für die ganzheitliche Bearbeitung der verschiedensten Medien wie Text / Bild / Video / Sprache / Musik.
Multisession	Fähigkeit eines CD-ROM Laufwerks, CD-ROMs zu lesen, die in mehreren Etappen beschrieben worden sind. Multisession-Fähigkeit ist beispielsweise nötig, um die Photo-CD von Kodak zu lesen.

N

Non Interlaced

Verfahren zum Bildaufbau. Das Bild wird als ganzes, ohne Zeilensprünge, auf dem Bildschirm dargestellt. Ist die Möglichkeit geboten, bei genügend hoher Bildwiederholfrequenz, den Non-Interlaced-Modus zu wählen, so ist mit diesem Verfahren ein deutlich besseres Bild zu erzeugen. Die Möglichkeiten hängen direkt mit der Auflösung zusammen.

NTSC

(*N*ational *T*elevision *S*ystem *C*ommittee) Fernsehnorm der USA. Das System arbeitet mit 525 Zeilen und 60 Halbbildern pro Sekunde.

O

OCR

(*O*ptical *C*haracter *R*ecognition) Optische Zeichenerkennung. Texte, die als Rastergrafik vorliegen, können mittels OCR in ein Format gewandelt werden, das von einem Textverarbeitungsprogramm erkannt wird. OCR-Schriften sind international genormte Schriften, die im Rahmen der Datenverarbeitung von Zeichenlesern bzw. Lesemaschinen „gelesen", d.h. identifiziert und weiterverarbeitet werden können (siehe auch Texterkennung).

OLE

(*O*bjekt *L*inking & *E*mbedding) Diese Technologie läßt die Verknüpfung oder Einbindung von Multimedia-Objekten, inklusive Digital-Video, in mehr als 150 Software-Programmen zu. Zum Beispiel eine Videosequenz, die mit OLE in ein Dokument eingebunden ist, läßt sich mit einem Doppelklick auf das erste Videobild, das in dem Dokument ersichtlich ist, starten.

OLE-Client

Anwendungsprogramm, das ein bestimmtes OLE-Objekt aufnehmen kann.

OLE-Server

Anwendungsprogramm, dessen Objekte in andere Dokumente eingebunden werden können.

OS	(<u>O</u>perating <u>S</u>ystem) Das Betriebssystem eines Computers, die unterste Softwareebene, deren Aufgabe die Verwaltung von Ressourcen ist, so daß alle Programme diese Ressourcen finden und richtig nutzen können.

P

PAL	In Deutschland entwickelte Farbfernsehnorm, die mit 625 Zeilen und 50 Halbbildern pro Sekunde arbeitet.
PALplus	Neue Norm für das Seitenverhältnis des Fernschbildes. Das Seitenverhältnis ist an das Verhältnis von HDTV angepaßt. Trotzdem ist PALplus nicht mit HDTV zu verwechseln, da es keine Verbesserung in der Auflösung bringt.
PCMCIA	(<u>P</u>ersonal <u>C</u>omputer <u>M</u>emory <u>C</u>ards <u>I</u>nterface <u>A</u>ssociation) Ist eine Vereinigung von mehr als 250 Herstellern von Memory-Karten. Ziel ist die Schaffung von Standards für die Austauschbarkeit von Memory-Karten.
PCX	Ursprünglich durch die Firma ZSOFT entwickeltes Format für die Erzeugung und Modifizierung von Grafiken und Bildern.
Pixel	Abkürzung für Picture Element (Bildelement). Pixel sind die kleinsten sichtbaren Elemente, aus denen auf dem Monitor ein Bild aufgebaut wird.
POI	(<u>P</u>oint-<u>o</u>f-<u>I</u>nformation) Standort eines Terminals, an dem man sich interaktiv die gewünschte Information holen kann.
PROM	(<u>P</u>rogrammable <u>R</u>ead <u>O</u>nly <u>M</u>emory) Speicherbaustein, der durch den Anwender mit einem Programmiergerät beschrieben werden kann. Einmal beschrieben, können die Daten nicht mehr verändert werden, jedoch auslesen kann man sie beliebig oft. PROMs werden in Speicherkarten benutzt oder zum Teil für das Boot-Programm des PCs.
Punktabstand	Siehe Dot Pitch

R

RGB	Grundfarben der additiven Farbmischung (<u>R</u>ot, <u>G</u>rün, <u>B</u>lau). In der Computertechnik häufiges Verfahren, Bildinformationen, getrennt nach den drei Grundfarben zu übertragen.
RLL	(<u>R</u>un <u>L</u>ength <u>L</u>imited) Schnittstellen-System für Festplatten und deren Kontroller.
ROD	(<u>R</u>ewritable <u>O</u>ptical <u>D</u>isk/Drive) Optische Laufwerke und zugehörige optische Speicherplatten, die beliebig oft beschrieben und gelesen werden können.
ROM	(<u>R</u>ead <u>O</u>nly <u>M</u>emory) Speicherbaustein, dessen Dateninhalt direkt über eine Maske beim Herstellprozess einprogrammiert ist. Die Daten können nicht manipuliert, jedoch beliebig oft ausgelesen werden. ROMs werden für Speicherkarten eingesetzt, kommen aber nur bei riesigen Stückzahlen als Datenträger in Frage.

S

Scanner	Gerät für die Abtastung eines Bildes, indem die Bildinformationen digital abgespeichert werden. Die Speicherung erfolgt als Rastergrafik (Bitmap).
SCSI	(<u>S</u>mall <u>C</u>omputer <u>S</u>ystems <u>I</u>nterface) Schnittstellentechnik, die von Großrechnern adaptiert wurde und einen sehr hohen Datendurchsatz erlaubt. Ist vor allem interessant für Massenspeicher, wie CD-ROM, Festplatten usw.
SECAM	(<u>S</u>equentiel <u>C</u>ouleur <u>à</u> <u>M</u>emoire) Farbfernsehsystem in Frankreich entwickelt, es werden 50 Halbbilder mit 625 Zeilen ausgetastet.
SIMM	Speichermodule für Expansions- oder Erweiterungsspeicher, die auf das Motherboard gesteckt werden können.
SIP	Speichermodule für Expansions- oder Erweiterungsspeicher, die auf das Motherboard gelötet werden können.

SRAM	(<u>S</u>tatic <u>R</u>andom <u>A</u>ccess <u>M</u>emory) Speicherbaustein, der beliebig oft beschrieben und gelesen werden kann. SRAM haben sehr kurze Zugriffszeiten und sehr schnelle Transferraten. Damit die Daten bei Abschalten des Gerätes nicht verloren gehen, müssen SRAMs mit einer Batterie gestützt werden. SRAMs werden unter anderem in Speicherkarten verwendet.
Still Video	Foto-Kameras, die das Bild direkt in digitalisierter Form auf Diskette oder in einem Arbeitsspeicher ablegen. Diese Bilder nennt man Still Videos.
Streamer	Magnetband Speichergerät, hauptsächlich eingesetzt für Sicherheitskopien einer Festplatte.
S-VHS	Verbesserter Standard für das VHS System unter Benutzung des S-Video-Signals.
S-Video	Im Gegensatz zum Composite-Video-Signal, wird die Helligkeit (Luminanz) von der Farbinformation (Chrominanz) getrennt übertragen (siehe auch Y/C).

T

Texterkennung	Texte, die als Rastergrafik (Bitmap) vorliegen, müssen mittels OCR (Optical Character Recognition) in ein entsprechendes Format gewandelt werden, das von einem Textverarbeitungsprogramm bearbeitet werden kann (siehe auch OCR oder ICR).
TIFF	(<u>T</u>agged <u>I</u>mage <u>F</u>ile <u>F</u>ormat) Format, das durch die Firma Aldus für die Speicherung von Grafikdaten definiert wurde.
Truecolor	Wenn Farbbilder auf dem Monitor mit einer Farbtiefe von 24 Bit, d.h. mit 16.7 Mio Farben, ausgegeben werden können, dann spricht man von True-Color oder Echtfarben.

V

Vertikalfrequenz	Siehe Bildwiederholfrequenz.

VGA

(<u>V</u>ideo <u>G</u>raphics <u>A</u>rray) Standard für Bildschirm-Kontroller-Karten. Die typische Auflösung beträgt 640 x 400, 800 x 600, 1024 x 768 Punkte

VHS

(<u>V</u>ideo <u>H</u>ome <u>S</u>ystem) Bei Heim-Videorecordern verbreitetes System zur Aufnahme und Wiedergabe von Bild und Ton auf 1/2 Zoll Magnetband. Das verwendete Composite-Signal faßt Helligkeits- und Farbinformationen zu einem Signal zusammen (FBAS)

Video8

Bei Camcordern verbreitetes System zur Aufnahme und Wiedergabe von Bild und Ton auf 8 mm Magnetband. Das verwendete Composite-Signal faßt Helligkeits- und Farbinformationen zu einem Signal zusammen (FBAS), die Horizontalauflösung beträgt 250 Zeilen.

VIS

(<u>V</u>ideo <u>I</u>nteraction <u>S</u>ystem) Ein CD-ROM basierendes Multimedia-Laufwerk mit Computer Intelligenz, das an dem Heimfernseher angeschlossen wird. Als Betriebssystem dient Modular Windows von Microsoft.

VLF

(<u>V</u>ery <u>L</u>ow <u>F</u>requency) Bezeichnet generell den Frequenzbereich von 2 kHz bis 400 kHz. Dieser Frequenzbereich hat Bedeutung bei der Strahlung von Monitoren, sie rührt von Zeilentrafo und der horizontalen Ablenkspule her (15-80 kHz).

Vollbildverfahren

Siehe Non-Interlaced

W

WAN

(<u>W</u>ide <u>A</u>rea <u>N</u>etwork) Netzwerk für weitere Distanzen, die das Lokale Netzwerk übersteigen. Die Datenübertragungsrate reicht bis 64 kBit pro Sekunde.

WAV Ein Format für Tondaten, aufgenommen mit einem Sampler. Das Format wurde durch die Firma Microsoft definiert.

Windows Benutzeroberfläche der Firma Microsoft für DOS-Rechner

Windows NT Betriebssystem und Benutzeroberfläche der Firma Microsoft. NT steht für New Technology. Es handelt sich um ein echtes, multitaskingfähiges 32-Bit-Betriebssystem, das die Computer Ressourcen wesentlich besser ausnutzt.

WMF (Windows Metafile Format) Format für die Speicherung von Skizzen und Grafiken unter Windows.

WORM (Write Once, Read Many) Speichermedium, das einmalig beschrieben werden kann. Es läßt weder das Löschen noch das Überschreiben zu, es kann aber beliebig oft gelesen werden.

WPG (Word Perfect Graphic File-Format) Das Format zur Speicherung von Grafikdateien unter dem Textverarbeitungsprogramm *Word Perfect*.

WYSIWYG (What You See Is What You Get) Eine Technik, die sich bei den Textverarbeitungsprogrammen durchgesetzt hat. Das, was man auf dem Bildschirm sehen kann, ist auch genau das, was man auf dem Drucker erhält. Das Format der Seite, der Buchstaben usw. stimmt genau überein.

WYSIWYF (What You See Is What You Fax) Das, was man auf dem Bildschirm sehen kann, ist auch genau das, was der Empfänger auf seinem Faxgerät erhält. Das Format der Seite, der Buchstaben usw. stimmt genau überein.

X

XA (eXtended Architecture) Eine Standard-Erweiterung bei CD-ROM Laufwerken, die eine teilweise Kompatibilität mit CD-I ergibt. Der XA-Standard ist notwendig für den Datenzugriff auf die Photo-CD.

XGA   (e<u>X</u>tended <u>G</u>raphics <u>A</u>dapter) Standard für Bildschirm-
                         Kontroller-Karten.

XMS   (<u>E</u>xpanded <u>M</u>emory <u>S</u>pecification) Spezifikation der Fir-
                         men Lotus, Intel und Microsoft, die aussagt, wie auf
                         Expansionsspeicher zugegriffen werden kann.

Y

Y/C   Bezeichnung für ein Zwei-Komponenten-Signal. Y =
                         Helligkeitsinformation, C = Farbinformation.

Z

Zeilenfrequenz   Die Anzahl der horizontalen Abtastungen des Elektronen-
                         strahls pro Sekunde, auch Horizontalfrequenz genannt.
                         Die nötige Zeilenfrequenz ist direkt abhängig von der
                         Auflösung.

Zeilensprung-   Siehe Interlaced
verfahren

Zentraleinheit   Das „Herz" eines Rechners, in dem alle Rechenaufgaben
                         gelöst werden. Befehl für Befehl eines Programmes wird
                         durch die Zentraleinheit, englisch CPU genannt, abgear-
                         beitet.

6 Kontakte

Die riesengroße Zahl der Anbieter von Hard- und Software im Personal Computer Bereich läßt eine auch nur halbwegs vollständige Auflistung der Bezugsquellen für die Komponenten nicht zu. Mehrere hundert Fachhändler in jedem Land führen in ihrem Sortiment jene Komponenten, die in diesem Buch behandelt wurden.

Im folgenden ist also nur ein kleiner Bruchteil von Herstellern und Händlern für Multimedia-Komponenten aufgeführt. Bei größeren Firmen ist die Adresse des Europäischen Hauptquartiers angegeben.

Wie bereits einmal erwähnt, lohnt es sich jeweils, die neuesten Computer-Zeitschriften zu kaufen. Damit ist man nicht nur auf dem Laufenden über die neuesten Errungenschaften, sondern man erhält zusätzlich eine ganze Menge Händleradressen.

6.1 Adressen

Windows / Video for Windows

MICROSOFT GmbH
Edisonstrasse 1
D-85716 Unterschleissheim

MICROSOFT AG
Alte Winterthurerstrasse 14a
CH-8304 Wallisellen

Hardware für Video-Kompression

INTEL GmbH
Dornacherstrasse 1
D-85622 Feldkirchen bei München

IMIC Microcomputer
Zürichstrasse
CH-8185 Winkel-Rüti

CD-I Systeme

PHILIPS
Interactive Media Systems
P.O. Box 80002
5600 JB Eindhoven
The Netherlands

Photo-CD Disk

Über alle gängigen Fotohändler

Photo-CD Software

AXYON S.A.
Case postale 505
CH-1110 Morges 1

CD-ROM Laufwerke

TOSHIBA Europa
Disk Products Division
Hammfelddamm 8
D-41460 Neuss

Hitachi Sales Europa GmbH
Rungedamm 2
D-21035 Hamburg 80

PROCOM Technology, Inc.
2181 Dupont Drive
Irvine, CA 92715
USA

MO Laufwerke

FUJITSU Europe LTD
2, Longwalk Road
Stockley Park
Uxbridge
Middlesex UB11 1AB
England

Laser Magnetic Storage Company
PHILIPS
P.O. Box 218
Building HWA-1
5600 MD Eindhoven
The Netherlands

SONY Europa GmbH
Computer Peripherals
Landsbergerstrasse 428
D-81241 München 60

Dienstleistung für Archivierung von Daten auf CD-ROM

W. Kohlhammer
Compunication GmbH
Max-Planck-Strasse 12
D-50858 Köln 40

Handscanner

European Headquarter
LOGITECH S.A.
CH-1122 Romanel/Morges

Durchlaufscanner

TERRA Datentechnik
Bahnhofstrasse 33
CH-8703 Erlenbach

Dia-Scanner

NIKON GmbH
Tiefenbroicher Weg 25
D-40472 Düsseldorf 30

Kodak Professional Digital Camera System

KODAK Ges.m.b.H.
Abteilung Berufsfotografie
Albert Schweitzer-Gasse 4
A-1148 Wien

Bits & Byte
Schöntalstrasse 18
CH-8004 Zürich

Frame Grabber

miro Computer Products GmbH
Carl-Miele-Strasse 4
D-38112 Braunschweig

miro Computer Products AG
Riedstrasse 14
CH-8953 Dietikon

miro Computer Products Ges.m.b.H.
Arndtstrasse 28
A-1120 Wien

Creative Labs, Inc.
1901 Mc Carthy Boulevard
Milpitas, CA 95035
USA

Screen Machine / Video Machine

FAST Electronic GmbH
Landsbergerstrasse 76
D-80339 München 2

Video Kommunikation

Bitfield Oy
Tekniikantie 6
SF-02150 Espoo
Finland

Touchscreen Monitore

A.C.T Kern
Raiffeisenstrasse 5
D-78166 Donaueschingen

Schlüsselfertige Multimedia Systeme

ABECO Datentechnik GmbH
Langdorferstrasse 54
D-47669 Wachtendonk 2

Soundkarte

Pro Audio Spectrum 16
Hersteller: Media Vision, Inc.
Vertrieb:
Peacock Computer GmbH
D-33181 Wünnenberg

Animationsprogramm

AUTODESK GmbH
Hansastrasse 28
D-80686 München

Autodesk AG
Zurlindenstrasse 29
CH-4133 Pratteln 1

Autodesk Ges.m.b.H.
Traungasse 16
A-4600 Wels

CIM-IAB Multimediasystem

CBZS Bildungszentrum Zentralschweiz
Fachstelle Betriebswirtschaft
CH-6048 Horw / Luzern

Sachwortverzeichnis

W

WAN, 140
WAV, 12; 60; 61; 141
Waveform-Soundfiles, 12
Werben, 97
Win32s, 48
Windows NT, 41; 48; 141
WMF, 11; 141
WORM, 23; 24; 141
WPG, 11; 141
WYSIWYF, 141
WYSIWYG, 141

X

XA-Standard, 21; 22; 52; 73; 106; 141
XGA, 142
XMS, 28; 142

Y

Yellow-Book, 23

Z

Zeilenfrequenz, 3; 4; 33; 34; 37; 47; 52; 132; 142
Zeilensprungverfahren, 4
Zentralcinhcit, 142
Zugriffsgeschwindigkeit, 29
Zugriffszeit, 21; 26

Quattro Pro für Windows

Grundlagen – Beispiele – Referenz

von Bernd Kretschmer

1993. XIV, 615 Seiten mit Diskette. Gebunden.
ISBN 3-528-05293-7

Inhalt: Arbeitsblätter erstellen, gestalten bearbeiten – Datenaustausch mit anderen Anwendungen – Präsentations- und Businessgrafik – Arbeiten mit Makros – Zugriff auf Datenbanken – „Was wäre wenn"-Analysen – Finanzmathematische und statistische Funktionen.

Das Buch bietet eine gründliche und systematische Einführung in das Tabellenkalkulationsprogramm Quattro Pro für Windows. Schritt für Schritt werden anhand von praxisgerechten Fallbeispielen die wichtigsten Funktionen der Software veranschaulicht und die entsprechenden Musterlösungen präsentiert. Zahlreiche Übungspassagen vertiefen den vermittelten Stoff und sollen darüber hinaus den Leser anregen, eigene Modelle und Arbeitsblätter zu entwerfen. Neben einer „Menülandkarte" und einem umfangreichen Glossar enthält das Buch auch zahlreiche Hinweise zu anderen Spreadsheets, die insbesondere für Quattro Pro-Anwender von Interesse sind, die bereits mit anderen Tabellenkalkulationen gearbeitet haben.

Verlag Vieweg · Postfach 58 29 · 65048 Wiesbaden

Präsentieren wie ein Profi mit Microsoft PowerPoint 3.0

von Hans Georg Oehring

1993. VIII, 368 Seiten mit Diskette. Gebunden.
ISBN 3-528-05313-5

<u>Inhalt</u>: Planung einer Präsentation (Festlegen der Zielgruppe, Corporate Identity, Festlegen der Inhalte) – typografische, grafische und farbliche Gestaltung – Entwurfsarbeiten, erste Skribbles – Erarbeitung von Farbdias – Eine Screen-Show entsteht – Notizblätter als Gedankenstütze – Datenimport und -export zu und von anderen Programmen.

Dieses Buch geht über die Darstellung des rein technischen Handlings von MS-PowerPoint 3.0 hinaus. Es ist eine solide und kompetent gemachte Einführung in die immer bedeutender werdende Welt der computergestützten Präsentation. Der Schwerpunkt des Buches liegt neben der Darstellung von Präsentationstechniken auf Voraussetzungen, Hintergründen und Gestaltungsregeln für überzeugende und professionell gemachte Präsentationen. Schritt für Schritt wird der Leser am Beispiel von MS PowerPoint mit dem Aufbau einer Präsentation vertraut gemacht. Ein Regelwerk, Anregungen und viele Tips zu inhaltlichen und gestalterischen Fragen helfen dem „Nicht-Fachmann", seine Präsentationen sinnvoll und anspruchsvoll anzulegen. Orientiert an praktischen Anforderungen entwikkelt das Buch eine schwarz-weiß Präsentation für den OHP. Schließlich wird die Erstellung von Farbdias für den Projektor, die auch über den Bildschirm ausgegeben werden können, veranschaulicht.

Verlag Vieweg · Postfach 58 29 · 65048 Wiesbaden